„…weil es um Sichtbarkeit geht.“

Impressum:
Hanna Roth
c/o COCENTER
Koppoldstr. 1
86551 Aichach

Hanna Roth

„Frauen! Skulpturen der Stärke?"

Eine Reise zu den weiblich gelesenen Personendenkmälern und historischen Persönlichkeiten Kölns

Inhaltsverzeichnis

Vorwort

Sie stehen dort, wo sie jeder sehen kann, aber meist
niemand mehr wahrnimmt. Werke aus vergangenen
Zeiten, die Menschen zeigen, die nicht mehr leben. Ein
Künstler oder eine Künstlerin hat sich der Darstellung
angenommen und Entscheidungen getroffen, wie
beispielsweise das Alter bestimmt, das die abgebildete
Person von nun an in unseren Erinnerungen haben soll.
Sie sitzen, stehen, mahnen oder wachen an und über
Orte die manchmal ebenfalls eine Bedeutung tragen. In
diesem Buch sollen sehenswerte Personendenkmäler
der Kölner Innenstadt behandelt, erklärt und analysiert
werden. Es geht in diesem Teil der Ausarbeitung jedoch
einzig und allein um weiblich gelesene
Personendenkmäler. Eine eigens den maskulin
gelesenen Werken gewidmete Ausarbeitung folgt. Diese
Herangehensweise unterscheidet diese Ausarbeitung
von herkömmlichen Führern von Sehenswürdigkeiten.
Insgesamt geht es darum die Werke, die zum Teil mehr
als hundert Jahre alt sind, hinsichtlich ihrer Funktion und
Aktualität zu überprüfen. Außerdem soll die politische
Dimension herausgearbeitet werden, die durch die
öffentliche Präsentation im Stadtraum nicht ignoriert
werden kann. Weibliche Darstellungen sind in der Kölner
Innenstadt seltener vertreten als Männliche. Woran liegt
das? Gab es vielleicht einfach weniger Frauen in der

Kölner Geschichte, die sich besonders hervorgetan haben, oder ist es eine Geisteshaltung der Kölner:innen? Welche Geschichten werden erzählt? Welche Entscheidungen haben die jeweiligen Künstler:innen getroffen? Wie hat sich das Werk im Wandel der Zeit verändert? Darf alles so bleiben oder brauchen wir Veränderung? Welche Botschaften können Tourist:innen mitnehmen, die mit einem frischen Blick in die Stadt kommen und Kunst wahrnehmen und wie kann jeder einzelne damit beginnen sich seine ganz eigene Meinung zu bilden?

Die Werke werden in chronologischer Reihenfolge der Installation in der Stadt Köln aufgelistet und behandelt. Zuerst stand der Gedanke im Raum Themenspaziergänge zu entwickeln, jedoch sind die Werke, die thematisch zueinander passen würden unpraktisch weit voneinander entfernt. Daher gibt es im ersten und größten Teil kurze Essays über die einzelnen Werke und im Anhang gibt es einen Kunstspaziergang der auf das gesamte Vorwissen aufbaut und Werke hinzuzieht, die eine spannende Ergänzung darstellen, aber sich nicht nur auf die Darstellung von Weiblichkeit begrenzen.
In diesem Buch wird Abstand von fotografischen Darstellungen genommen. Jedes Werk liegt in Form einer Skizze vor, die von der Autorin angefertigt wurde. Diese Skizzen können entweder koloriert oder mit eigenen Fotografien überklebt werden.

Diese vermutlich recht unübliche Entscheidung beruht auf der festen Überzeugung, das ein Foto die Betrachtung des echten Werkes nicht ersetzt und geht mit dem Aufruf einher, doch einfach mal vorbeizuschauen und sich selbst ein Bild zu machen. Bei den Deutungshypothesen handelt es sich um die persönliche Einordnung der Autorin, als Kunsttherapeutin als auch als Kunsthistorikerin.

Diese Ausarbeitung soll dabei helfen Dinge in den Kontext zu setzen und sich im Anschluss befähigt zu fühlen eine eigene Meinung zu Kunst zu haben. Man muss sich jedoch darauf einstellen, dass man hier keine vollständig fertig niedergeschriebene Meinung findet, die man einfach übernehmen kann. Es gibt Fakten, Kontext und Denkanstöße. Das eigene Urteil muss sich jedoch jede Leserin und jeder Leser selbst bilden und vertreten.

Die große Frage, die uns in dieser Ausarbeitung umtreiben wird ist, ob die weiblichen Personendenkmäler Stärke ausstrahlen. Natürlich ist es leicht in der heutigen Zeit Werke hinsichtlich ihres emanzipatorischen Potenzials zu betrachten, aber letztendlich stehen die Skulpturen auch hier und heute auf den öffentlichen Plätzen und Straßen dieser Stadt und dürfen hinsichtlich ihres Aussagepotenzials überprüft werden.

Werden unsere heutigen Werte und Vorstellungen durch die Werke noch immer transportiert und ist das überhaupt die Aufgabe von Kunst? Dies alles gilt es zu diskutieren um ein Bewusstsein für diese Fragestellungen zu schaffen. Vereinzelt werden weiblich gelesene Werke in diesem Band männlich gelesenen Personendenkmälern aus Köln gegenüber gestellt, um das Werk besser zu verstehen. Für eine genauere Betrachtung der männlich gelesenen Personendenkmäler empfiehlt sich die Lektüre des zweiten Bandes "Kölner Helden?".

Einleitung:

Frauen! Skulpturen der Stärke?
Wie schon im Vorwort beschrieben, wird ein
Schwerpunkt auf weiblich gelesene[1] Personendenkmäler
in der Kölner Innenstadt gelegt. Durch diese fokussierte
Betrachtung soll ein Bewusstsein für die skulpturale
Repräsentation von Weiblichkeit in der Kölner Innenstadt
geschaffen werden. Doch wo beginnen wir historisch?
Es gibt eine interessante Entwicklung der weiblichen
Repräsentation in Köln. Stand 1918, laut Iris Benners
Untersuchung der "Kölner Denkmäler" von 1871 bis 1918
gab es in ganz Köln 33 ausschließlich männliche
Darstellungen, die vier weiblichen gegenüberstanden.
Zumindest das Verhältnis hat sich in der Zwischenzeit
etwas verändert, aber ob wir uns mit einer bloßen
Annäherung zufrieden geben, bleibt jedem individuell
überlassen.
Laut der Kunsthistorikerin Silke Wenk entspricht die
Sprache der Denkmäler, der historischen Situation derer
sie entspringen, was für den Zeitraum vor 1919 einen

[1] In dieser Ausarbeitung wird großer Wert auf
geschlechtsneutrale, bzw. alle Geschlechter inkludierende
Sprache gelegt, um Diskriminierungen zu vermeiden. Da die
Ausarbeitung die Diskrepanz zwischen männlichen und
weiblichen Darstellungen untersucht, wird das diverse
Geschlecht unterrepräsentiert, was keine Meinung der
Autorin repräsentiert, sondern die Unterrepräsentation im
Stadtraum widerspiegelt.

Ausschluss von Frauen von der „kulturellen und politischen Öffentlichkeit" bedeutete. Mit Beginn der Weimarer Republik und den daraus resultierenden Veränderungen, wie beispielsweise dem Wahlrecht für Frauen, welches am 30. November 1918 gesetzlich festgelegt wurde und im Januar 1919 erstmalig genutzt werden konnte. Demnach müsste sich die Darstellung der Frau zu einer, im besten Fall emanzipierten, selbstbestimmten Frau wandeln, die unter Nennung ihres Namens geehrt und erinnert wird.

Laut des quantitativen Verhältnisses der Darstellungen, könnte man die Entwicklung im Laufe des letzten Jahrhunderts als positiv vermerken und gespannt in die Zukunft blicken, jedoch reicht die bloße Präsenz von weiblichen Darstellungen nicht aus. Es geht auch um die qualitative Darstellung und das Aussagepotenzial. Werden in Köln namhafte Frauen geehrt oder sind sie lediglich Platzhalterinnen? Sehen wir Frauen oder weibliche Körper? Bei einer Betrachtung der Denkmallandschaft Kölns fällt eine Diskrepanz ins Auge: Es gibt deutlich mehr Aktdarstellungen von weiblich gelesenen Werken, als von Männlichen.

Müssen sich Frauen Kleidung erst verdienen?

„Zu fragen ist vielmehr, was im Bild eines nackten weiblichen Körpers in der Kunst geschieht. Zu analysieren ist, in welches historisch konkrete Bedeutungsnetz der weibliche Körper und sein Bild eingespannt sind."
Silke Wenk beschäftigt sich in dem Aufsatz „Der öffentliche weibliche Akt: eine Allegorie des Sozialstaates", welcher im Jahre 1987 erschienen ist, mit den weiblichen Aktdarstellungen im Berliner Stadtraum. Ausgangspunkt ihrer Auseinandersetzung ist die Erkenntnis, dass die Aktdarstellung „die vorherrschende Form in der öffentlichen Skulptur des 20. Jahrhunderts" ist. Der Akt scheint Verbindungsglied zwischen den politischen Umbrüchen und Zerwürfnissen zu sein. Wenk eruiert 27 weibliche Aktdarstellungen und 18 männliche in ihrem Untersuchungsbereich und nimmt diesen markanten Unterschied als Ausgangspunkt für ihre Untersuchung des weiblichen Akts. In der Kölner Innenstadt ist die Diskrepanz 36 Jahre später deutlich größer: Wir verzeichnen 10 weibliche Aktdarstellungen und lediglich zwei Männliche, von denen eine entwendet wurde. Insgesamt ist festzustellen, dass weibliche Darstellungen prozentual deutlich öfter unbekleidet dargestellt werden, als Männliche. Zudem gibt es eine deutliche Diskrepanz in der erinnerungswürdigen Darstellung von Individuen.
Welche Bedeutung vermitteln die unbekleideten weiblichen Aktdarstellungen im Kölner Stadtraum damals und heute?

DIANA
MIT SPRINGENDER
ANTILOPE

„Diana mit springender Antilope"

In der Nähe der Haltestelle Eifelstraße befinden sich die Skulptur „Diana und die springende Antilope", eingefroren in ihrer Bewegung, die eigentlich von Schnelligkeit geprägt zu sein scheint. Die in Bronze gegossene, unbekleidete Diana scheint mit der Antilope gemeinsam davon zu schweben.
Die Antilope befindet sich im Moment des Sprunges und erzeugt dadurch die Illusion von Geschwindigkeit. Diana hingegen scheint den Bewegungsimpuls der Antilope aufzunehmen und sich von ihr mitreißen zu lassen, jedoch in einem langsamen, fast schwebenden Gestus, der in Zeitlupe zu verlaufen scheint. Diana und die Antilope scheinen in ihrem Bewegungsimpuls eins zu werden und sich von der Situation mitreißen zu lassen. Es stellt sich jedoch die Frage, warum der Künstler eine solche Darstellungsweise wählte, um die Göttin der Jagd, des Mondes und der Geburt zu visualisieren.

Um das vorliegende Werk adäquat einordnen zu können,
bedarf es eines Vergleiches. Hierzu wird eine deutlich
ältere Skulptur hinzugezogen, nämlich die „Diana von
Versailles[2] ", aus dem 1.-2. Jahrhundert. Sie befindet sich
im Louvre in der Galerie des Caryatides. Die weibliche, in
Marmor geschlagene Person ist überlebensgroß
abgebildet. Neben ihr, jedoch deutlich kleiner ist ein
lebendiger Hirsch abgebildet, den sie zu führen scheint.
Ihre linke Hand liegt auf dem Geweih des Hirsches auf,
dessen Vorderläufe einen Sprung
andeuten. In der Hand scheint sie
Teile des Bogens zu halten, die
jedoch nur angedeutet werden.
Ihre rechte Hand zieht einen Pfeil
aus dem am Rücken befestigten
Köcher. Die Darstellung wirkt
emanzipiert, stark und dominant.
Ihr Aufmerksamkeit richtet sich
gespannt auf etwas, dass wir als
betrachtende Personen nicht in
Form des Werkes wahrnehmen
können, denn es ist etwas das sich
außerhalb befindet. Es könnte
betrachtende Personen dazu
veranlassen sich umzusehen und
vergrößert die räumliche Wirkung

[2] Eine verkleinerte Reproduktion dieser Skulptur befand
sich auf einem Kaminsims der ersten Klasse auf der Titanic
und wurde im Jahr 1986 von dem Unterwasserarchäologen
Robert Ballard im Wrack entdeckt und dokumentiert.

des Werkes. Die Darstellung der Diana von Versailles wird in der Literatur und auf Wikipedia als „maskulin anmutend" beschrieben, jedoch weist sie deutlich weibliche Züge und Körperformen auf. Noch nicht einmal stark ausgeprägte Muskeln sind zu sehen. Was lässt sie im Auge der betrachtenden Personen männlich wirken? Vielleicht die Tatsache das sie gänzlich bekleidet ist, oder dass sie dominant aufzutreten scheint? Wobei „dominant" schon fast übertrieben scheint, da es ihr nicht darum geht andere Menschen einzuschüchtern und aktiv Macht auszuüben, sondern vielmehr sich gänzlich ihrer Bestimmung zu widmen.

Die von Fritz Behn geschaffene Diana ist nicht ansatzweise die Göttin, die sich in Versailles befindet. Es stellt sich die Frage der Intention des Künstlers, der eigentlich für seine Tierplastiken bekannt ist. Geht es dem Künstler eigentlich viel mehr um die Darstellung der Antilope und die weibliche Person ist lediglich als Beiwerk zu verstehen? Behn äußerte sich in seinem literarischen Werk nicht bezüglich seiner Beweggründe zur Darstellungsweise der Diana. In der Recherche zur Darstellung der Diana fällt auf, dass es im Mittelalter das Narrativ gab, indem die Figur der Diana mit einer Hexe gleichgestellt wurde, bzw. sie sich mit Hexen umgeben haben soll: So sollen sich die „heidnische Göttin Diana" mit „einer unzählbaren Menge von Frauen" nachts getroffen haben um auf „Tieren zu reiten". (Ginzburg 1990:91)

Steckt also ggf. in dem mitreißenden Gestus

der Antilope ein Verweis darauf, dass es sich bei diesem Werk um eine Anspielung an das mittelalterliche Narrativ der „Hexe" handeln könnte? Sollte dies der Fall sein könnte von einem misogynen Frauenbild des Künstlers ausgegangen werden, jedoch sind diese Deutungsansätze ohne weitere Informationen nicht belegbar. Was jedoch belegbar ist, ist das mehr als nur fragwürde Weltbild des Künstlers und auch die Frage die wir uns als kunstbetrachtende Personen stellen sollten, nämlich: Ist es richtig Werke eines Künstlers, der antidemokratische und nationalistisch-völkische Ideen verfolgte und auch der Kolonialbewegung positiv gegenüberstand, weiterhin in Form seiner öffentlichen Skulptur kontextlos (die wir vielleicht nicht ganz richtig deuten können, weil uns Hinweise fehlen) zu reproduzieren?

In der Kölner Innenstadt befinden sich drei Werke des Künstlers, wobei für diese Ausarbeitung nur eins thematisch passt.[3] Aber an dieser Stelle sollen auch die anderen Werke kurz erwähnt werden, da an diesem Beispiel die politische Dimension der Kunstwerke besonders deutlich wird.

---

[3] Der Bronzeguss „Mädchen mit Panther" befindet sich im Kölner Zoo. Da man hier Eintritt bezahlen muss, wird dieser Ort nicht als öffentlicher Stadtraum gezählt. Der Guss „Panther" befindet sich im Südpark und gehört damit weder zum eingegrenzten Betrachtungsraum, noch handelt es sich bei dem Panther um eine weibliche Darstellung.

Im Kölner Zoo befindet sich das Werk „Mädchen mit Panther" aus dem Jahr 1920. Es handelt sich um einen lebensgroßen weiblichen, rennenden Akt, der einem springenden Panther zu folgen scheint. Eine Darstellung, der der Diana mit springender Antilope zu ähneln scheint.

Der „Panther", welcher sich aus einem Gebüsch des Südparks in Köln auf einer Plinthe befindet, aber dennoch in Jagdhaltung an sein Opfer anzuschleichen scheint, hat eine Länge von 186 cm und eine Höhe von 71cm. Es wurde um 1920 errichtet.

Auch diese weibliche Figur ist mit einer Hand mit dem Panther verbunden und richtet den Blick bzw die Aufmerksamkeit auf etwas nicht Sichtbares. Erneut bleiben (zu) viele Fragen offen, wie beispielsweise: An wen schleicht sich der Panther an? Warum ist das Mädchen mit Panther unbekleidet? Hält sie den Panther fest oder hetzt sie ihn auf etwas oder jemanden? Ist das Angst in ihrem Blick? Warum hält man es für eine sinnvolle Idee eine nackte Frau mit einem Panther im Kölner Zoo auszustellen? Wieder bleibt der Beigeschmack das Werk nicht eindeutig einordnen zu können, da es vielleicht mit einem demokratischen und nicht rassistischen Weltbild, schwieriger ist die Intention des Künstlers zu ergründen? Es bleibt die Sorge wir könnten im Jahr 2024 ein Werk betrachten, bei dem der Panther auf ein menschliches Gegenüber gehetzt wird, der nicht Behns Weltbild entsprach, jemand der nicht deutsch genug war. Wäre das nicht gruselig? Familien betrachten mit ihren Kindern im Zoo Tiere und das Werk eines Künstlers der uns alle unterwandert hat oder einfach nicht verstanden und dann schlicht weg vergessen wurde?

Behn war seit 1911, also bereits vor Konzeption und Ausstellung seiner Werke in Köln, Mitglied der Deutschen Kolonialgesellschaft. Er war Befürworter der Kolonialherrschaft und vertrat ein entsprechend rassistisches Weltbild. Zudem muss Behns Gesamtwerk unter Berücksichtigung seiner persönlichen Nähe zum Regime des Nationalsozialismus zwiespältig betrachtet werden. Es wird jedoch deutlich, dass die Frauendarstellung der Diana, keinem Individuum gewidmet ist, geschweige denn innerhalb der Tradition der Darstellungsweise der Diana keine klare Erkennbarkeit generiert. Fast drängt sich die Frage auf, ob die Göttin der Jagd, wie die Antilope, plötzlich zur Gejagten wird.

Nun stellt sich erneut die Frage, inwieweit eine Trennung zwischen Künstler und Werk notwendig oder übertrieben ist: Kann man das Werk losgelöst vom Künstler gut finden und sich daran erfreuen? Oder überwiegt nun der Schatten der menschenverachtenden Gesinnung des

Künstlers, der sich über das Werk legt? Vielleicht hilft es sich an dem zu betrachtenden Werk zu orientieren und sich zu fragen, ob die Gesinnung des Künstlers in sein Werk eingeflossen sein könnte.

Wenn Behn seine „Diana mit springender Antilope" tatsächlich in Anlehnung an Hexendarstellungen konzipierte, muss deutlich gemacht werden, dass Hexenverfolgung, Rassismus und Antisemitismus einem ähnlichen Muster unterliegen: Verfolgung marginalisierter Gruppen mit verheerendem Ausgang. Ob das Werk harmlos ist, oder äußerst fragwürdig bleibt dem Auge der betrachtenden Person überlassen. Aus Sicht der Stadt Köln, die weltoffen sein möchte, stellt sich jedoch die Frage, ob es notwendig ist einen Teil des Lebenswerkes eines solchen Künstlers öffentlich zu präsentieren.

ASSUNTA

"Assunta"

Die "Assunta" von Georg Kolbe befindet sich im
Rheinpark im Stadtteil Deutz. Die Adresse, an der man
sich orientieren kann, lautet "Auenweg 17, 50679 Köln",
dann muss man nur noch das Parkgelände betreten und
sich auf die Suche nach dem Park-Café machen. Die
Bronzeplastik befindet sich eher versteckt und
zurückgenommen in der Nähe des Parkcafés.

Das Werk „Assunta" von Georg Kolbe gilt als das
häufigste abgegossene Werk Kolbes und entspringt dem
Höhepunkt seiner abstrakten Arbeitsphase. Der Kölner
Guss der „Assunta" befindet sich seit 1921 im Rheinpark.
Ursprünglich plante Kolbe die „Assunta" für eine
Grabanlage. Im Rheinpark steht sie inmitten eines um
sie herum wachsenden Schutzraumes aus Eiben, die sie
zu verstecken scheinen.
Wenn man das Werk bei einem nichts ahnenden
Spaziergang durch den Rheinparkt entdeckt, könnte die
erste Reaktion mit einem kleinen Schrecken
einhergehen. Es kann passieren das man plötzlich am
Rande eines Weges steht und das Gefühl hat jemand
würde im Gebüsch hinter einem stehen. Man dreht sich
um und schaut in eine Art Schutzraum, der aus einem
Gebüsch besteht in dessen Mitte sich eine nackte
Bronzeskulptur befindet, die zwar lebensgroß ist, jedoch
deutlich zu dünn, als dass es sich um einen

echten Menschen handeln könnte. Ein erster Gedanke könnte sein, dass dort jemand Hilfe benötigt. Eine nackte Frau in einem Gebüsch assoziiert man eher aus heutiger Sicht mit einem Gewaltverbrechen. Mit dem Bewusstsein jedoch, dass die „Assunta" eine „in den Himmel aufgenommene Maria" ist, verändert sich der Fokus. Es bleibt jedoch die Frage, warum die Darstellung zögerlich, erschrocken und unsicher wirkt, obwohl sie Irdisches hinter sich lassen konnte. Die Kunsthistorikerin Silke Wenk deutet den weiblichen Akt, als eine sogenannte Allegorie. Das heißt, dass es in dem Fall einer Allegorie nicht um das eigentlich abgebildete geht, sondern das in Form des abgebildeten etwas anderes dargestellt wird, ein übergeordnetes Konzept. Wenk führt aus, dass ein weiblicher Körper nicht die jeweilige Frau einfach nur nackt zeigt, sondern dass der Körper zu einer „Allegorie" des Lebens wird. Es wird also, laut Wenk, bei einer nackten Frau immer unmittelbar die Frau als potenziell „Fruchtbarkeit" ausstrahlendes Objekt mitgedacht. Zusätzlich werden wir zurück in das biblische Narrativ des Sündenfalls katapultiert, insbesondere wenn eine schamhafte Nacktheit gegeben ist, wie es im Beispiel der Assunta der Fall ist. Die Frau hat sich Schuld aufgeladen und dieses Narrativ soll fortbestehen, egal wie misogyn es sich auch im Jahr 2024 lesen mag. Wenk erarbeitet jedenfalls die Hypothese, dass ein weiblicher Akt eine Allegorie ist, die sich in einer Diskrepanz verorten muss, nämlich innerhalb der Bereiche "Schuld" und "Fruchtbarkeit", die mit der Darstellung von

Weiblichkeit, unmittelbar einhergehen.

Die hier gezeigte Darstellung der „Assunta" scheint in sich gekehrte zu sein und sich dennoch schamhaft verstecken zu wollen. Sie besinnt sich auf sich und interagiert nicht mit Außenstehenden, sogar der Standort unterstreicht das nicht Öffentliche. Wenn man die eigentliche Planung der Grabanlage mitberücksichtigt und in den Deutungsansatz miteinbezieht, erhält das Werk eine weitere Ebene. Stünde die „Assunta" auf einem Grab, oder in unmittelbarer Nähe, würde der reflektierende, in sich gekehrte Gestus eine Reflexion über das eigene Leben nahelegen. Ein Moment, indem das irdische losgelassen wird und man sich fragt, welches Jenseitsreich nun auf einen warten mag.

Assunta fährt jedoch nicht voller Urvertrauen in den Himmel auf, sondern scheint sich unsicher zu sein. Diese Unsicherheit wird durch die Körperhaltung transportiert. Der Kunsthistoriker Helmut Fußbroich deutet die Körperhaltung als „eine Bewegung des Niederkniens, eine Gebärde der Demut." Demütig ist nicht zwangsläufig mit einem sühnenden Gestus gleichzusetzen, allerdings ist die Assunta eindeutig kein Beispiel für eine selbstbewusste, emanzipierte Darstellung.

DIE SCHAUENDE

„Die Schauende"

Die „Schauende", welche im Jahr 1923 von dem
Schweizer Künstler Hermann Haller geschaffen wurde,
ragt aus einer bepflanzten Fläche hervor, die sich im
Rheinpark befindet. Die Adresse, an der man sich
orientieren kann, lautet „Auenweg 17, 50679 Köln". Dann
muss man nur noch das Parkgelände betreten und sich
auf die Suche nach dem Park-Café machen. Die
Bronzeplastik befindet sich in der Nähe der „Assunta",
jedoch muss man dem Park-Café den Rücken zukehren
und in Richtung des Tanzbrunnens gehen. Die
„Schauende" befindet sich auf dem Weg zum
Tanzbrunnen auf der rechten Seite, abseits des Weges.
Sie ist unbekleidet und hat einen „erwachenden Gestus",
bei dem die Arme auf Schulterhöhe vom Körper
gestreckt werden und die Hände zum Körper bzw. Kopf
hin angewinkelt werden. Sie streckt ihren unbekleideten Brustkorb hervor und blickt empor.
Wenn man sie vom Weg aus betrachtet, erscheinen die
Augen geschlossen, was besonders unter
Berücksichtigung des Titels irritiert. Wenn man jedoch
näher herantritt, erkennt man eine angedeutete Iris und
somit geöffnete Augen. Spannend ist die Irritation, die
genau bei diesem wesentlichen Detail entsteht.

Obwohl der Künstler stets mit Modellen arbeitete, sind
seine Werke nicht real existierenden Menschen, bzw.
Modellen zuzuordnen. (Apel 1996:127)

Wichtig ist ihm jedoch die Visualisierung von Schönheitsidealen, so findet man in seinem Gesamtwerk keine Darstellung einer Frau, die nicht seinem Anspruch an Schönheit oder Alter gerecht wird. Auch seine Titel unterstützen den entpersonalisierenden Charakter seiner Arbeit. Manchmal etabliert er außerdem eine Beziehung zu etwas, das außerhalb des abgebildeten Werkes passiert, sei es ein Aggressor oder jemand, der beispielsweise von der „Hilfesuchenden" direkt adressiert wird.

Obwohl der Titel eine „Aktion", nämlich die des Schauens verspricht, bleibt die Bronze passiv in sich gekehrt, präsentiert sich jedoch in einem fast privat anmutenden Ambiente einem potenziell männlichen Betrachter.

DIE SINNENDE

„Die Sinnende"

Genauso wie die „Assunta" und die „Schauende", befindet sich die „Sinnende" im Rheinpark. Um die „Sinnende" zu entdecken, sollte man das Park-Café, parallel zum Auenweg passieren und auf die rechte Seite achten. Mit der Betrachtung des Werkes „Die Sinnende" von Ludwig Kasper betreten wir den Bereich der sitzenden Aktfigur, welche meist von Bildhauern des 20. Jahrhunderts angefertigt wurde und einen oft „ganz auf sich selbst konzentrierten Menschen" zeigt. Laut Wenk seien die „stehenden, hockenden und liegenden Akte aus den ersten drei Jahrzehnten des Jahrhunderts" auf das Bild der „Mutter" zurückzuführen. Ludwig Kaspers „Sinnende" sitzt mit geschlossenen Beinen auf einem stuhlartigen Block, der Teil der Bronzeplastik ist. Die Bronze ist auf einem steinernen Sockel befestigt, der jedoch eher zu Befestigungszwecken dient als dazu, die Abgebildete auf einen „erhöhten Sockel zu stellen, um ihre Aussage zu unterstreichen. Der steinerne Sockel misst ca. 30 cm. Die Abbildung der Frau scheint eine kleine Frau in Lebensgröße abzubilden, die unbekleidet aber mit zusammengebundenen Haaren, in sich gekehrt auf ihrer Sitzgelegenheit sitzt. Sie ist im Gegensatz zur „Schauenden" und „Assunta" nicht in einer Art Schutzraum ausgestellt, sondern exponiert und öffentlich an einem Weg, was ihre Nacktheit unterstreicht. Die Sinnende hat die rechte Hand erhoben

und mit angewinkeltem Arm an die Stirn angelehnt,
sodass der in sich gekehrte Gestus unterstrichen wird.
Die Augen sind geschlossen. Die Armhaltung könnte
auch als Abwehrhaltung gedeutet werden, wenn im
Körper mehr Spannung wäre.
Welche Botschaft transportiert das Werk und warum ist
es notwendig diese weibliche Person unbekleidet
darzustellen? Es fällt auf das der weibliche Akt in der
Kölner Innenstadt deutlich häufiger vorkommt als die
männliche Aktdarstellung, von der lediglich zwei
Darstellungen existieren.
Ein Werk von Antoine Bourdelle und „Der Tauzieher" von
Nikolaus Friedrich. Das Werk „Schreitender", das
ebenfalls im Rheinpark ausgestellt war, wurde im Jahr
2017 entwendet.

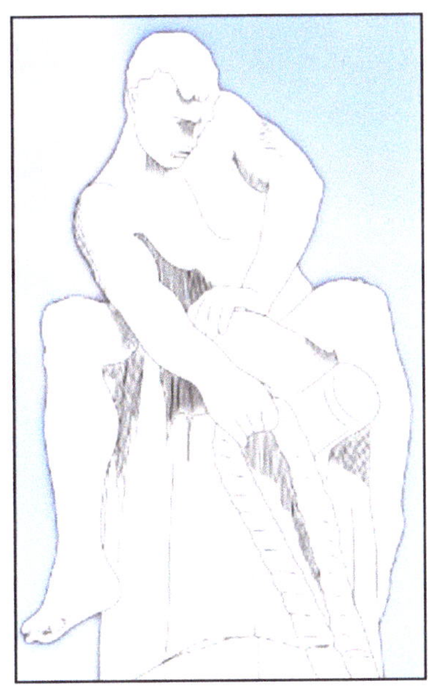

DIE SITZENDE

„Die Sitzende"

„Die Sitzende" von Kurt Lehmann wurde 1953 im Rheinpark installiert und kann am schnellsten gefunden werden, wenn man den Rheinpark auf Höhe des Staatenhauses vom Auenweg aus betritt und sich dann auf der rechten Seite des Weihers in Richtung Park-Café bewegt. „Die Sitzende" sitzt mit angewinkelten, leicht geöffneten Beinen auf einem Sockel, der ihre Nacktheit zu inszenieren scheint. Ihr Blick ist weitestgehend neutral auf die betrachtende Person gerichtet und ihr linker Arm scheint ihre Beine zu öffnen.
 Wenk benennt den idealisierten weiblichen Akt im 19. Jahrhundert als „allegorischen Körper", was hinsichtlich der Fragestellung ob die Aktdarstellungen namhafte Personen visualisieren, oder ob es sich um allegorische Darstellungen handelt, vorwegnimmt. Dennoch ist festzustellen, dass es sich bei den „allegorischen Körpern" in der Kölner Stadtlandschaft um idealisierte weibliche Körper handelt, die weder alt, individuell oder übergewichtig sind. Wenk etabliert die Hypothese, dass es sich bei den weiblichen Aktdarstellungen um eine „Allegorie des Lebens" handelt, was insbesondere in dem Beispiel der Sitzenden, durch die Betonung der geöffneten Beine, deutlich wird. (Wenk 1987: 224) Gleichzeitig verkörpern sie neben ihrer Nacktheit einen bevölkerungspolitischen Aspekt oder den Resonanzraum für männliches Können als "eine Allegorie der

Kulturleistung, das Leben zu organisieren und endlos zu reproduzieren". Die Frau, die nur darauf wartet vom Mann befruchtet zu werden, um der Welt neue männliche Wesen zu schenken. Die Werke zeigen keine namhaften Frauen und geben dies auch nicht vor. Die Körperdarstellungen visualisieren die Ideale der damaligen Zeit, die mit dem weiblichen Körper verknüpft waren, wie beispielsweise die Sicherung der Fortpflanzung und gleichzeitig stellen sie durch die Nacktheit einen Bezug zur Erbsünde dar, der im katholisch geprägten Köln Nacktheit im öffentlichen Raum rechtfertigt. Nach dieser Analyse wird deutlich, dass es sich bei den Aktdarstellungen um Allegorien handelt, die jedoch vorgeben reine Körper zu sein.

DIE TRAUERNDE

„Die Trauernde"

Der Titel des Werkes, dass seit 1949 in Köln aufgestellt ist, scheint sich über die Jahre hinweg verändert zu haben. Es ist nicht nachvollziehbar, wodurch die Verfremdung des Namens begünstigt wurde. In aktueller Literatur wird das Werk vor der Kirche St. Maria im Kapitol in der Altstadt-Süd auf dem Lichhof, als „Die Trauernde" geführt.
Die 295cm hohe Skulptur aus Kirchheimer Muschelkalk wurde von der Stadt Köln im Jahr 1946 in Auftrag gegeben und nicht, wie sonst üblich öffentlich ausgeschrieben, um den Opfern der Verfolgung durch die Nationalsozialisten zu gedenken. (Fußbroich 2000: 81) Der ursprüngliche Name des Werkes, der durch den Künstler Gerhard Marcks, festgelegt wurde lautete „Todesengel". Es ist eines der wenigen Werke, dass das Motiv der Trauer behandelt, ohne ein Heldenmotiv zu nutzen. (Hoffmann- Curtius 2002:385) Ursprünglich war Berlin als Ausstellungsort vorgesehen, wie aus Marcks 1988 erschienenem Buch „1889-1981, Briefe und Werke" hervorgeht. Es sollte auf einem Hügel aus Schutt errichtet werden und einen „Todesengel als Mal für alle Toten dieser Zeit" darstellen. Laut Leopold Reidemeister sei das Charakteristikum des Werkes „ein sich jungfräulich trotziges Verhüllen vor der Umwelt." (Reidemeister 1950:243)

Die Frauengestalt wird, losgelöst von ihrem Titel,
Allegorie des Trauerns, des Sterbens, bzw. des Umgangs
mit Verlust. (Hoffmann-Curtius 2002: 387)
Diese Motive sind in der Nachkriegszeit in Köln sehr
präsent und dies ausschließlich in weiblicher Gestalt, wie
auch am Beispiel der „Frau mit totem Kind" deutlich wird.
Laut der Kunsthistorikerin Kathrin Hoffmann-Curtius
wurde das Werk auf besonderen Wunsch des Künstlers
„nach Osten in Richtung der aufgehenden Sonne"
ausgerichtet. Diese Zusatzinformation unterstreicht
einen vom Künstler gewünschten Hoffnungsimpuls.
Die aufgehende Sonne, als Inbegriff von Zuversicht und
Hoffnung auf bessere Zeiten. (Hoffmann-Curtius 2002:
286)

Wie aber finden wir den plötzlichen Wechsel des Namens
und welchen Einfluss hat der Name auf die
Wahrnehmung des Werkes?

FRAU MIT TOTEM KIND

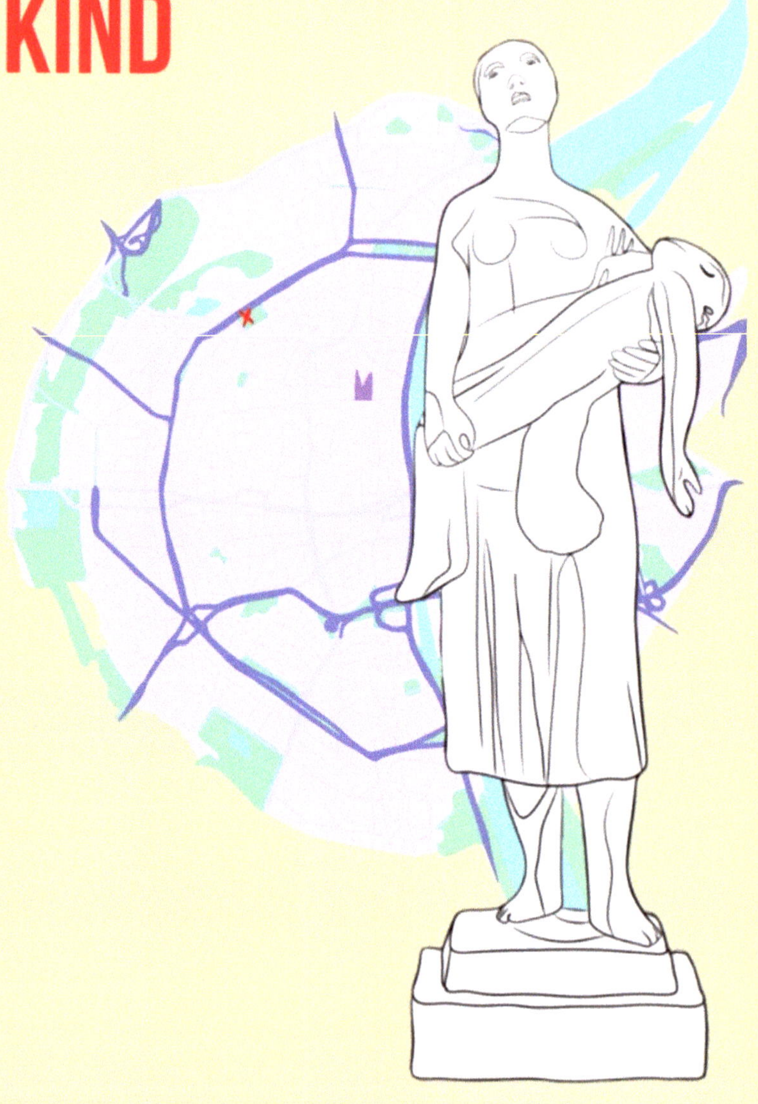

„Frau mit totem Kind"

Der im Jahr 1897 geborene, niederländische Künstler
Mari Andriessen gilt als einer der bedeutendsten
Künstler der niederländischen Nachkriegszeit. Jetzt
kann man sich natürlich fragen, woran das liegt und zum
einen natürlich an der Qualität seiner Arbeit, aber dazu
später mehr. Es gibt jedoch noch einen anderen Aspekt,
der ihn menschlich unglaublich auszeichnet und einem
auch nach seinem Tod im Jahr 1979, noch deutlich
macht, was er für ein Mensch war. Andriessen wurde im
Jahr 1986, der Ehrentitel „Gerechter unter den Völkern"[5]
von der israelischen Holocaustgedenkstätte Yad Vashem verliehen. Dieser Ehrentitel belegt, dass Andriessen
sein eigenes Leben in Gefahr gebracht hat bei dem
Versuch jüdische Mitmenschen vor den
Nationalsozialisten zu retten und das, obwohl er, bzw.
sein künstlerisches Werk von den Nationalsozialisten
nicht, als entartet eingestuft wurde

[5] Der Titel „Gerechter unter den Völkern wird seit 1948 an
„nichtjüdische Einzelpersonen" verliehen, „die unter
nationalsozialistischer Herrschaft während des Zweiten
Weltkrieges ihr Leben einsetzten, um Juden vor der
Ermordung zu retten." Eine Person, die mit diesem Ehrentitel
geehrt wird, erhält eine Medaille mit dem eigenen Namen
und dem folgenden Zitat aus dem Mischnatraktat Sanhedrin:
„Wer immer ein Menschenleben rettet, hat damit gleichsam
eine ganze Welt gerettet." Und sie erhalten eine Ehren-
bürgerschaft. (Yad Vashem 2023)

und er sogar Förderungen erhalten sollte. Statt sich dem faschistischen System anzuschließen, engagierte er sich im niederländischen Widerstand und rettete vielen Menschen das Leben.

Alle Künstler:innen die in dieser Zeit gelebt und gearbeitet haben, sind durch diese Ereignisse geprägt worden. In Andriessens Werk gibt es unzählige Arbeiten, die diese Zeit zu verarbeiten scheinen, und vor allem einen Beitrag zwecks überdauernden Erinnerns leisten. Er ist bekannt für seine bildhauerischen Werke im Stadtraum, wie beispielsweise die Skulptur der Anne Frank in Amsterdam und „Die Gefallenen" in Rotterdam. Er schafft es damalige Zeitzeug:innen noch heute sichtbar werden zu lassen und bündelt die Emotion im Werkstoff, die er zu transportieren gedenkt.
Sein skulpturales Werk zeichnet sich aus durch eine Vereinfachung zu Gunsten der Verdeutlichung seiner sozialkritischen und emotionalen Botschaft, die meist mit dem Gedenken an Opfer des Nationalsozialismus zusammenhängt. (Trauzeddel 2021)

 In den Niederlanden prägen seine Arbeiten die meisten größeren Städte, wie beispielsweise Rotterdam, Alkmaar und Amsterdam, aber auch wir in Köln haben ein Werk des „Gerechten unter den Völkern".

Die Stadt Köln kaufte im Jahr 1958 einen Abguss des Künstlers, der noch heute unter dem Namen „Frau mit totem Kind" in Skulpturenführern geführt wird. Das Werk befindet sich am Hansaplatz in der Altstadt-Nord auf dem sich zwischen 1830 und 1969 das Gefängnis „Klingelpütz"' befunden hat. Mit Aufstellung des Werkes sollte eine Gedenkstätte, die an Opfer des Nationalsozialismus und insbesondere Menschen erinnern soll, die im Klingelpütz, welcher als nationalsozialistische Hinrichtungsstätte fungierte, erinnern soll. (Braun 2004)

Ein Abguss des Werkes „Frau mit totem Kind", welches als Mahnmal am Hansaplatz eingeweiht wurde, wurde von der Stadt Köln im Jahr 1958 erworben. Das Werk wurde vom Künstler ursprünglich als Teil einer aus sechs Figurengruppen bestehenden Gesamtinstallation konzipiert und hatte einen anderen Titel. (Hesse & Purpur 2010:36) Nämlich „Oorlogsmonument", was übersetzt so viel bedeutet wie „Mahnmal für den 2. Weltkrieg). Das „Oorlogsmonument" befindet sich seit dem 5. Mai 1953 in einem Park in Enschede.

Das Werk besteht aus sechs bronzenen Skulpturen, die jeweils eine Höhe von ca. 2 Metern erreichen. Die Werke sind in einem Abstand zueinander aufgestellt, sodass der Gesamtkontext des Werkes eine Fläche von 10 x 10 m im Raum einnimmt. Die Skulpturen stellen jeweils in Andriessens Formsprache verschiedene „Aspekte der Besatzung der Deutschen in den Niederlanden dar". Die einzelnen Werke haben folgende Titel: „Con-centratiekamp" (Dt.: „Konzentrationslager"), „Bomslachtoffer" (Dt.: „Bombenkriegsopfer"), „Gijzelaar" (Dt.: „Geiseln"), „Joodse vrouw met kind" (Dt.: „Jüdische Frau mit Kind"), „Soldaat" (Dt.: „Soldat") und „Verzet" (Dt.: „Widerstand"). In dieser ursprünglichen Auflistung fällt auf, dass sich der Titel des hier genauen betrachteten Werkes verändert hat. Die Stadt Köln kaufte im Jahr 1958 einen Guss des Werkes „Bomslachtoffer" und führt es seitdem als „Frau mit totem Kind".

Aber was genau sehen wir in dem Werk? Eine Frau mit totem Kind oder ein Bombenkriegsopfer? Gibt es einen Unterschied? Darf man das Werk eines Künstlers in dieser Form einfach umbenennen und ein Werk, das den negativen Einfluss Deutschlands auf die Niederlande thematisiert nach Deutschland holen und es aus seinem ursprünglichen Zusammenhang reißen, um ihm eine andere Bedeutung zu geben? Zudem bleibt der Bezug des Werkes zum Ausstellungsort fragwürdig.

Aber betrachten wir das Werk genauer, das im Folgenden unter dem ursprünglichen Titel „Bombslachtoffer" geführt wird: Das Werk erweckt den Anschein eine Allegorie für die Trauer zu sein und diese in Form der Mutterdarstellung zu verkörpern. Der Oberkörper der Frau scheint entblößt, lediglich ihre rechte Schulter und ihr Unterkörper sind von einem Kleid bedeckt. Die feinen, trauernden Gesichtszüge weisen leidend gen Himmel. Besonders auffällig ist ihre zur Faust geballte rechte Hand, die eine besondere Stärke im Moment der tiefsten Trauer ausstrahlt.

Nun stellt sich die Frage, wie das Werk einzuordnen ist. Aus kunsthistorischer Sicht halte ich es für absolut sinnvoll ein Werk von Andriessen in den Stadtraum zu integrieren, jedoch wäre es eleganter gewesen das Werk respektvoll im Sinne des Künstlers zu betiteln und auch den Kontext nicht gänzlich zu verfremden. Das Werk entspringt einer niederländischen Prägung und das ursprüngliche Werk zeigt in aller Deutlichkeit, was Deutschland in Form der Nationalsozialisten für einen Schrecken über die Niederlande gebracht hat.

BOMSLACHTOFFER

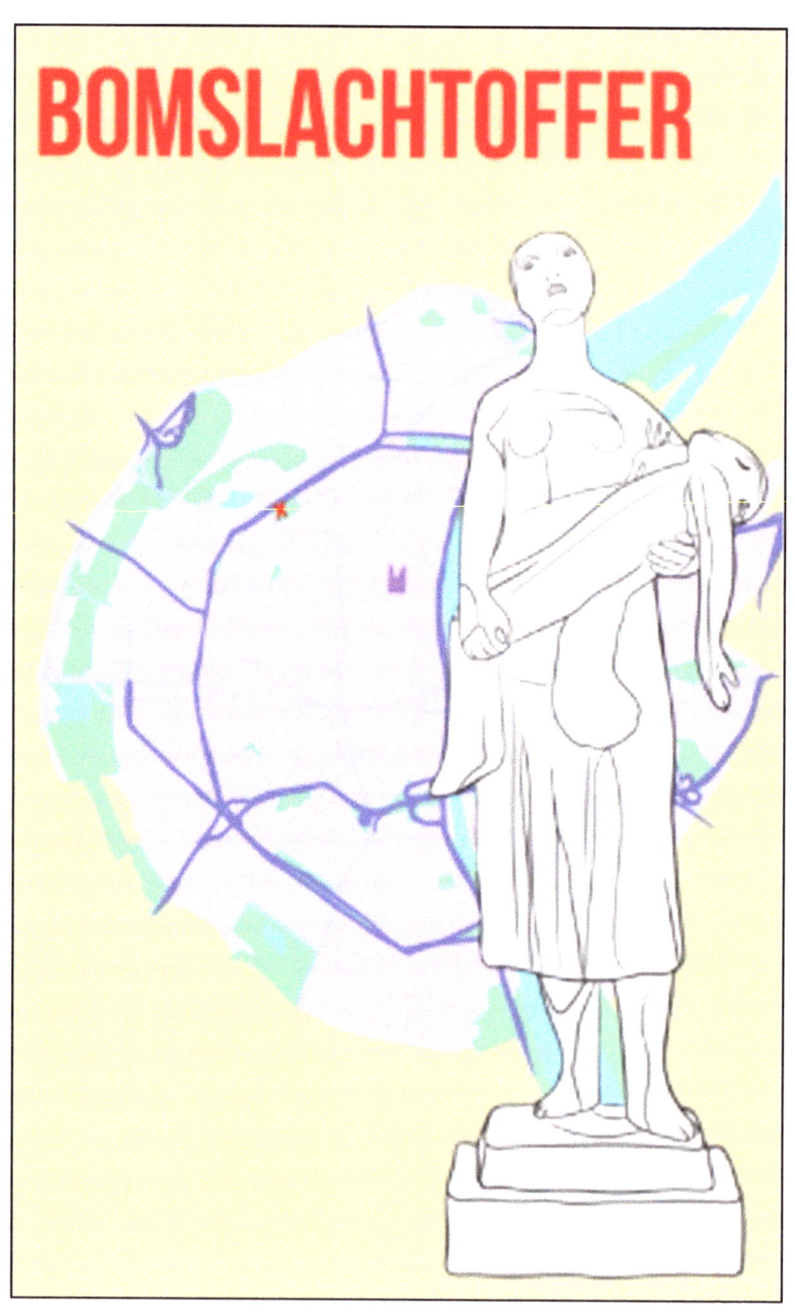

Die Niederlande blicken auf eine fünfjährige Besatzung
von Mai 1940 bis Mai 1945 zurück. Das Werk Andriessens
verarbeitet nationale Trauer, ohne ein direktes Feindbild
zu eröffnen. Andriessen zeigt die Folgen einer
kriegerischen Handlung auf, die eine traumatisierte
Generation zurückgelassen hat. Die Forderung, „Gib mir
mein Fahrrad zurück", die noch heute in den
Niederlanden geläufig zu sein scheint, bündelt das
übergebliebene Gefühl, das jeder Einzelne unter den
Nationalsozialisten gelitten hat und das Geschehene
Unrecht nicht ausgeglichen wurde, da vermeintlich der
Ein oder Andere noch immer auf ein Fahrrad zu warten
scheint.
Natürlich ist es richtig und wichtig das sich auch
Deutschland in allen Bereichen positioniert und von den
Nationalsozialisten distanziert, das auch gerne in einer
öffentlichen Skulptur, jedoch erscheint dieser Versuch
hier zu lapidar und wenig pietätvoll.

Als aktiver Kunstbetrachter muss man sich nun
positionieren und beginnen sich eine Meinung zu bilden.
Es gibt facettenreiche Fragen, die man sich stellen kann:
1.   Wie gefällt mir das Werk?
2.   Halte ich den Standort für sinnvoll?
3.   Was löst das Werk in mir aus?
4.   Welcher Standort wäre vielleicht besser geeignet?

Das Werk birgt großes Potenzial für die Stadt Köln und den Umgang mit der Geschichte, wenn man das Werk entsprechend inszenieren und gleichzeitig in seiner inhärenten Bedeutung aufwerten würde. Es kann ein Anerkennen dessen werden, was unsere Vorfahren unserem Nachbarland angetan haben. Das Werk könnte in Anlehnung an Andriessens Grundgedanken erweitert werden durch andere Setzungen, die ggf. weitere Facetten hinzufügen, wie beispielsweise eine Personengruppe die Fahrräder zurückgibt und die Deutsch-Niederländische Freundschaft zelebriert. Zusätzlich kann und darf der eigene Umgang mit den Ereignissen reflektiert werden, sowie eigene Opfer betrauert werden, wie beispielsweise die, die im Klingelpütz ums Leben gekommen sind.

Kunstwerke im öffentlichen Raum transportieren Botschaften, die politisch sind, egal ob die Werke oder Initiator:innen das wollen, oder nicht. Wir als Bürger:innen haben eine Verantwortung und indem wir Werke akzeptieren, akzeptieren wir das Narrativ was in ihnen steckt und durch sie überdauert und reproduziert wird.

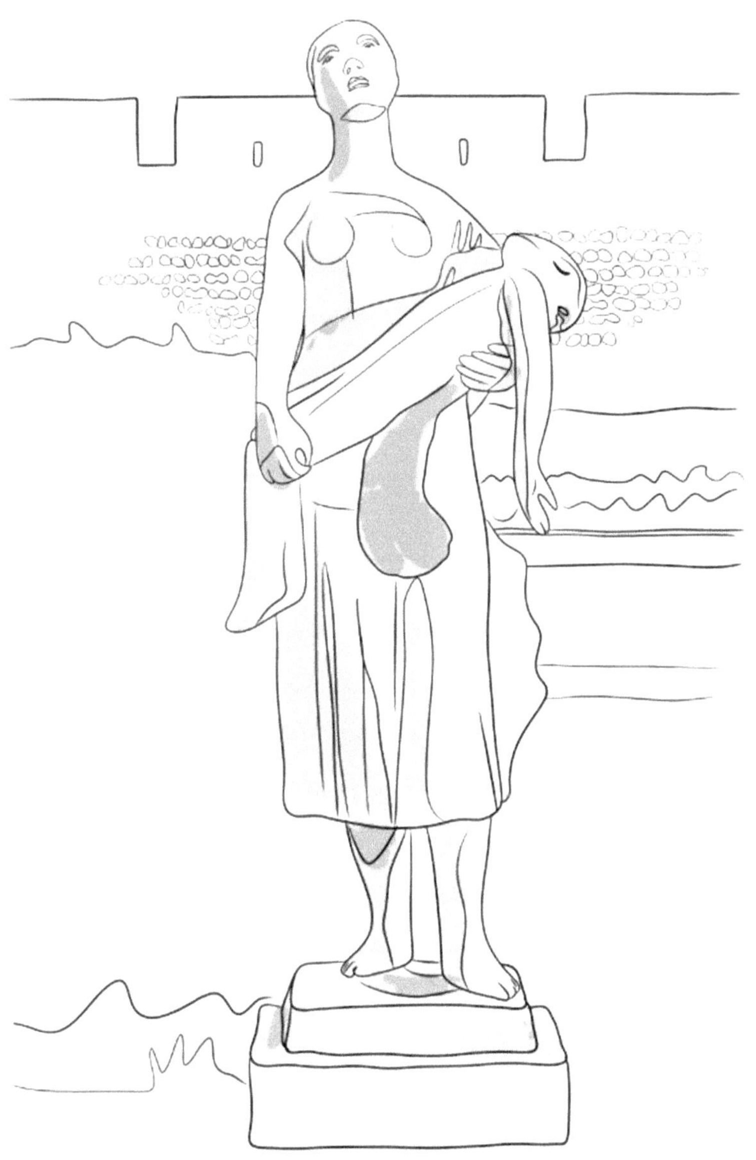

HÄUSLICHE SORGEN

„Häusliche Sorgen"

Das Werk „Häusliche Sorgen" befindet sich im Rheinpark neben einer Weggabelung in der Nähe des Hauptweges und ist durch seine Größe nicht zu übersehen.
Die im Jahr 1913 fertiggestellte Bronzeplastik wurde im Jahr 1956 von der Stadt Köln erworben und öffentlich präsentiert.

Der belgische Künstler porträtierte meist seine Frau Nel, da das Paar zurückgezogen in einer ländlichen Region lebte und nur begrenzte finanzielle Mittel hatte, war er auf seine Partnerin als Modell angewiesen. Es könnte der Anschein erweckt werden, es wäre ein deutlich erkennbares weibliches Individuum dargestellt worden, jedoch ist die Gestaltung zu abstrakt, um eine Erkennbarkeit implizieren zu können und der Künstler vermied es das Werk nach seiner Frau zu benennen. Statt-dessen wird ihr Abbild eine Allegorie von Sorgen, deren Ursprung nicht geklärt ist. Helmut Fußbroich beschreibt das Werk von 1913 in seinem Skulpturenführer als eine private Szene zwischen dem Künstler und seiner Frau, die durch ihr Abbild und ihre Körperhaltung, welche als Reflexion des „Gehörten" gedeutet wird, visualisiert wird. Das Werk könnte jedoch auch gegenteilig gedeutet werden, als eine Frau, die ihrem Mann mindestens ebenbürtig ist, wofür auch die überlebensgroße Darstellung sprechen könnte.

Allerdings drängt sich dieser Vergleich zwischen Mann und Frau nicht auf, da es sich lediglich um eine weibliche Figur handelt und der Mann nicht automatisch mit imaginiert werden muss, da das Werk dies nicht dezidiert vorgibt. Die Körperhaltung könnte auch als ein tadelnder Gestus gedeutet werden, der auf die betrachtende Person hinabschaut und ihr überlegen ist.

Der Körper der Frau wird Stellvertreter für die „häuslichen Sorgen". Das Werk bleibt mehrdeutig und diffus, die Repräsentation der Frau jedoch ist losgelöst von ihrem Aussagepotenzial überdurchschnittlich groß und in gewisser Weise machtvoll dargestellt. Sie scheint jedoch erst durch ein Gegenüber an Deutungshoheit zu gewinnen, als stünde ihre Aussage in Abhängigkeit zu der jeweilig betrachtenden Person. „Häusliche Sorgen" bieten ein hohes individuelles Identifikationspotenzials, besonders in der Unbestimmtheit dieser allegorischen Aufladung.

43

GAEA

Die Gaeas

Die Stadt Köln besitzt insgesamt fünf Werke des Künstlers
Gerhard Marcks, der ab 1950 in Köln lebte und arbeitete.
Bei zwei der fünf Werke handelt es sich um Abgüsse der
„Gaea", diese seltsame Dopplung liegt nicht vor, weil die
Stadt einfach nicht genug von ein und demselben Motiv
bekommen konnte, sondern wegen
Eigentumsunstimmigkeiten: Die erste und damals einzige
Gaea in Köln gehörte der Familie Imhoff und stand ab 1986
in der Stollwerck-Passage. Hans Imhoff übernahm 1973 die
Stollwerck-AG und verkaufte sie im Jahr 2002 an einen
Schweizer Schokoladenkonzern, der (fälschlicherweise?)
davon ausging mit dem Kauf der Stollwerck AG ebenfalls
die Skulptur der „Gaea" gekauft zu haben. Die Skulptur
wurde abmontiert, was für einen Aufschrei der
Kölner:innen sorgte. Es folgte ein Versuch die
Besitzverhältnisse zu klären, der jedoch Zeit in Anspruch
nahm.
Die Stadt Köln beauftragte mit finanzieller Unterstützung
durch die Imhoff-Stiftung einen neuen Abguss der Gaea
und installierte diesen an dem Ausstellungsplatz der
entwendeten Gaea. Der Künstler hatte jedoch
zwischenzeitlich die Gussform verändert, sodass die Gaea
in der Stollwerckpassage einen anderen Mantel trägt als
ihre Vorgängerin. Parallel zu diesem Prozess, der 62.000€
kostete, entschied sich die Schweizer Firma die
entwendete Skulptur in Form einer Schenkung
zurückzugeben. Dieser Guss befindet sich nun im
Rosengarten im Rheinpark.

Der Gesichtsausdruck von Kolbes Gaea erscheint
erhaben und in sich ruhend, jedoch dennoch
unpersönlich, da der Blick über die betrachtenden
Personen hinweg schaut. Zudem ist sie weitestgehend
unbekleidet, bis auf einen Mantel. In dem Körper der
Frau, wird die „personifizierte Erde" abgebildet. Erneut
greift der Aspekt der Fortpflanzung, bzw. Mütterlichkeit
zur Fortbestandssicherung.

Wie würde Kleidung das Werk verändern?

*Raum für Kreativität 47

SAPPHO

„Sappho"

Sieben Jahre nach der Integration des Werkes von Wouters wurde die in Bronze gegossene Skulptur der griechischen Dichterin „Sappho"[7], am Offenbachplatz eingeweiht. Das Werk ist einer weiblichen Person gewidmet, die unter anderem den Begriff der lesbischen Liebe maßgeblich prägte, obwohl ihre eigene Sexualität bis heute nicht geklärt wurde. (Kroll 1925:130)
  Die Figur der Sappho wird auf einem bronzenen Felsblock sitzend, der mit ihr verschmolzen zu sein scheint, dargestellt. Der Abguss ist einer von insgesamt sieben Abgüssen. Das Modell wurde vom französischen Bildhauer Antoine Bourdelle im Jahr 1887 angefertigt. Bourdelle, der im Jahr 1861 im Sternzeichen des Skorpions geboren wurde, war ab 1893, also sechs Jahre nach Fertigstellung der Sappho, ein Assis-tent Rodins und lehrte parallel an der Akademie in Paris. Zu seinen Schülern, die er maßgeblich durch seinen Einfluss prägte gehörten Henri Matisse und Alberto Giacometti. (Bourdelle ist mit einem weiteren Werk in Köln ver-treten. Es befindet sich im Innenhof des Wiso-Gebäudes der Universität zu Köln.

[7] Sapphos Gesamtwerk besteht zu großen Teilen aus Hochzeitsliedern und Liebeslyrik für die sie große Bekanntheit erlangte. (Fußbroich 2000:57)

49

Das zu ergründende Werk zeigt eine weibliche, bekleidete Figur mit einem Musikinstrument, die sich in einem krisenähnlichen Zustand zu befinden scheint. Sie ist sitzend dargestellt und in sich gekehrt, es findet keine Interkation durch Blicke oder Gesten mit den betrachtenden Personen statt. Sie stützt sich mit ihrem rechten Ellenbogen an der Leier ab und stabilisiert gleichzeitig mit dem Unterarm ihren Kopf, der nach unten gesunken ist. Der Faltenwurf ihres Gewands scheint ein Spiegelbild ihrer emotionalen Verfassung zu sein. Einige Interpretationsansätze deuten ihre Körperhaltung als Indiz dafür, dass sie in Liebesleid versunken einen Selbstmord vorbereitet, was eine Übereinstimmung mit ihrer Biografie bedeuten würde.

Andere Ansätze deuten die Geste der angespannten Hand, die in der Nähe ihres Kopfes ist als einen zählenden Gestus, der darauf hindeuten würde, dass sie in den kreativen Prozess versunken zu sein scheint, dies hätte jedoch durch eine stärkere Einbeziehung der Leier verdeutlicht werden können. Fußbroichs Interpretation stützt sich ebenfalls auf die maskuline Geste, der Hand, welche unter

Hinzuziehen der Geste des Fußes als innere Unruhe und Anspannung deutet. Er geht jedoch noch einen Schritt weiter und deutet die Darstellung der Sappho als eine Momentaufnahme „des Erlöschens ihrer Fähigkeiten". (Fußbroich 2000:57)

Es gibt verschiedene Versionen des Ablebens der Sappho, doch alle stimmen in dem Punkt des Suizides aufgrund tiefer Verletzung durch die unerwiderte Liebe eines Mannes, überein.(Kivilo 2010:179)

Für die qualitative Untersuchung der weiblichen Repräsentation der Sappho ist die Erkenntnis maßgeblich, dass im Werk der Sappho, einer Figur, die seit 630 v.Chr. überdauert und für ihr Werk hoch angesehen ist, im Moment persönlicher Schwäche dargestellt wird. Die Entscheidung Sappho in dieser Art und Weise darzustellen, erfolgte durch einen männlichen Künstler.
Eine Schwäche, die eine Lebensmüdigkeit nach sich zieht und die tiefe Verletztheit einer Frau zeigt, deren Liebe nicht erwidert wurde. Eine bedeutende, namhafte Frau, die als Wegbereiterin für die LGBTQ Bewegung stehen könnte, im Moment ihrer persönlichen Schwäche zu visualisieren und in Bronze zu verewigen, wäre aus heutiger und vor allem feministischer Sicht, nachvollziehbarer, wenn sie durch das Überwinden der Krise aus eigener Kraft zu neuer Stärke gefunden hätte, anstatt sich im Anschluss zu suizidieren.

Das Abbild der „Sappho" wird in der Darstellung von
Bourdelle dadurch vielmehr zur Allegorie der Depression,
als dass sie für Liebe oder zwischenmenschliche
Beziehungen stehen könnte.
Lediglich der Aspekt der Selbstbestimmung kann ihr
dennoch zugesprochen werden, wobei sich hier die
Frage stellt, ob der oft dargestellte Suizid der Frau
wirklich als etwas emanzipatorisch Relevantes gewertet
werden sollte. Diese Interpretation zieht sich bereits
durch die Narrative der Lucretia und Emilia Galotti, die
die Entscheidung zur Beendigung des eigenen Lebens
als einzig vermeintlich selbst getroffene Entscheidung
verkaufen.

Köln ist laut eigener Aussage auf der Homepage der
Stadt, eine weltoffene Stadt, „die sich zur Vielfalt der hier
lebenden Menschen bekennt und diese wertschätzt.
Jeder zehnte Mensch, der in Köln
lebt, identifiziert sich nach den
Ergebnissen einer Studie
der Stadt Köln als lesbisch,
schwul,bisexuell,
transgeschlechtlich
oder intergeschlechtlich."

Wäre es nicht an der Zeit
diese Thematik in Form
eines positiven Denkmals
zu visualisieren?

FISCHWEIBER BRUNNEN

Der Fischweiberbrunnen

Der „Fischweiber" oder auch kölsch „Feschwiever"
Brunnen genannt, befindet sich seit 1968 im Schatten der
Kirche Groß St. Martin auf dem Fischmarkt in der Kölner
Altstadt und orientiert sich auch formal an der Kirche.
Das Brunnenbecken nimmt die architektonische Drei-
Konchen-Chor-Form von Groß St. Martin auf und die vier
Frauendarstellungen greifen die Vierpaßform auf. Jede
abgebildete Frauendarstellung blickt in eine der vier
Himmelsrichtungen und weist andere Merkmale auf. Eine
scheint beispielsweise zu schreien.
Das Werk visualisiert vier Frauen, die ihrer Arbeit
nachkommen und tugendhaft sind. Es besteht keine
Möglichkeit sie auf real existierende Individuen zu
beziehen. Außerdem wählte der Künstler eine eher
abstrakte Darstellungsweise.

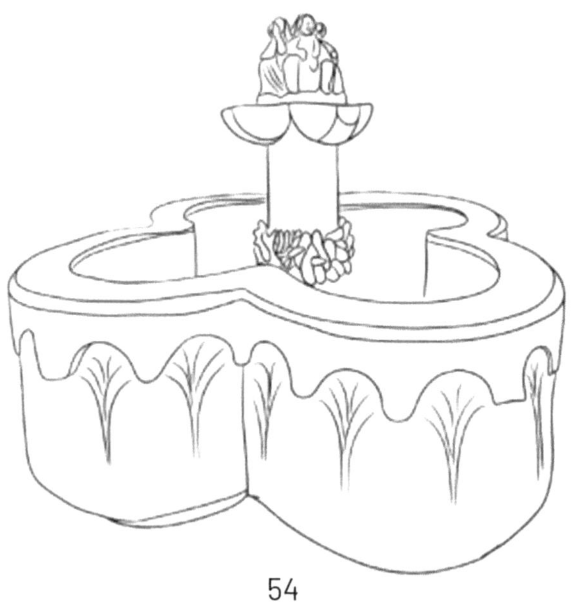

DER FRAUENBRUNNEN

"Der Frauenbrunnen"

Der Frauenbrunnen von Anneliese Langenbach ist schwer zu finden: Er befindet sich im Innenhof des Farina-Hauses, der öffentlich zugängig ist. Der Gebäudekomplex befindet sich an den Straßen „Obenmarspforten" Ecke „Unter Goldschmied". Auf Google-Maps ist der Frauenbrunnen unter dem Schlagwort „Farina-Park" geführt und mit der Adresse „Unter Goldschmied 7" hinterlegt.

Anneliese Langenbach, die als einzige Künstlerin eines Werkes das Frauen zeigt in Köln vertreten ist und somit heraussticht, schuf das Werk im Jahr 1987. Sie scheint sich differenziert mit dem Frauenbild der Kölnerin zu beschäftigen: Der Frauenbrunnen zeigt 10 weibliche Skulpturen, die Frauen aus verschiedenen Epochen der Kölner Stadtgeschichte zeigen soll. Die einzelnen, abgebildeten Frauen gleichen sich in Größe und Darstellungsform. Sie sind zusätzlich mit Beschriftungen versehen, die die jeweilige Epoche ausweisen. Es gibt die Ubierin, die Römerin, die Fränkin, die heilige St. Ursula, die Kölnerin, die Jüdin, die Niederländerin, die Italienerin, die Preussin und erneut die Kölnerin, jedoch mit einer anderen Jahreszahl versehen.
Die Gründerin des Frauengeschichtsvereins, Irene Franken kritisiert den Brunnen im Jahr 2008 und bemängelt die namenlosen, „lieblichen" Darstellungen, die weder Geschichte noch Zukunft hätten. (Franken 2008:113)

Besonders spannend ist die Darstellung der Kölnerin aus dem Jahr 1987, die der „modernen Frau" entsprechen sollte. Langenbachs ursprünglicher Entwurf sah vor die moderne Frau nicht im knielangen Kleid darzustellen, sondern wollte einen klaren Bruch innerhalb des Werkes erzeugen, indem eine Jeanshose die Beine der modernen Frau kleiden sollte. Dies war jedoch laut Auftraggeber nicht erwünscht. Stattdessen wird die damalig „moderne Frau", mit einem kleinen Mädchen gemeinsam abgebildet und dadurch die Mutterrolle in den Vordergrund gestellt, was erneut die Rolle der Frau auf die der Mutter und den bevölkerungspolitischen Aspekt reduziert.

Das einzige Werk im Kontext dieser Ausarbeitung, mit weiblicher Urheberschaft ordnet sich ebenso der unausgesprochenen Anforderung des allegorischen weiblichen Körpers unter und vermeidet es den Frauen ein echtes, individuelles Gedenken zu Teil werden zu lassen und sorgt darüber hinaus dafür, das feministischer Fortschritt rückwirkend negiert zu werden scheint.

DAS STOLLWERCK MÄDCHEN

"Das Stollwerck Mädchen"

Das in Bronze gegossene Werk von Sepp Hürten, mit
dessen Entwurf er im Jahre 1989 den Wettbewerb zur
Gestaltung des Severinskirchplatzes gewonnen hatte,
befindet sich noch heute im Schatten der Severinskirche
im Stadtbezirk Altstadt-Süd. Das Werk setzt sich
zusammen aus der in Bronze gegossenen weiblichen
Figur, welche ein ca. 15-jähriges Mädchen aus dem Jahr
1900 darstellen soll, sowie dem steinernen Brunnen und
einem steinernen Block.
Die weibliche Figur ist lebensgroß und bezieht die beiden
steinernen Elemente in ihren Werkzusammenhang ein,
indem sie selbst durch Berührung zu einem
Verbindungselement wird. Das Werk interagiert mit den
betrachtenden Personen, indem sie den Vorbeilaufenden
Pralinen aus einer geöffneten Pralinenschachtel
anzubieten scheint. Ihr Gestus wirkt selbstbewusst und
wird in einem online Beitrag der Stadt Köln als „keck"
beschrieben. Diese Einschätzung ist interessant, da hier
eine weibliche Darstellung im Stadtraum installiert wird,
die emanzipiert zu sein scheint. Die jugendliche,
weibliche Darstellung ist geprägt von Detailreichtum,
sowohl in der Gestaltung des Kleides als auch in der
mitschwingenden Emotion, die Individualität zu
suggerieren scheint. Hürten, wollte laut eigener Aussage
an die Arbeiterinnen der Stollwerck Fabrik erinnern.
Rebecca Eder schreibt in ihrem Buch über die
Ausbeutung der Arbeitskräfte und verweist auf einen
Artikel, der im Jahr 1902 im Ehrenfelder Anzeiger

die Ehrbarkeit der weiblichen Arbeitskräfte in Frage
stellt. Hürtens Entscheidung eine weibliche Arbeiterin zu
fokussieren ist eine wichtige Entscheidung für die
weibliche Repräsentation im Stadtraum um 1990, jedoch
steht der selbstbewusste Ausdruck seiner geschaffenen
Allegorie, des „kölschen Miteinanders" im Widerspruch zu
dem Aussagepotenzial, dass es zu erinnern gilt, sofern
eine kritische Auseinandersetzung gewünscht war. Dies
scheint jedoch nicht das Ziel der
Arbeit gewesen zu sein. Vielmehr
steht eine gefällige weibliche
Darstellung im Stadtraum, die
sich ihrer eigenen kritischen
Geschichte nicht bewusst zu
sein scheint.
Es gibt keine im Werk
hinterlegten Hinweise,
die auf eine kritische
Auseinandersetzung
schließen lassen,
zudem wird keinem Individuum
gedacht, sondern es
entsteht fast der
Eindruck einer
Werbefunktion
der Skulptur, die
Waren anbietet, die
die Firma, die das Werk
finanzierte, noch heute
vertreibt.

AMAZONE 3/9

„Amazone 3/9"

Vor dem Kölner Stadtmuseum, in der Zeughausstraße,
steht seit 1996 das Werk des New Yorker Künstlers der
von 1983 bis zu seinem Tod im Jahre 1995 in Köln lebte.
Es handelt sich bei dem Werk um eine Platte, aus der der
schematische Umriss eines weiblichen Körpers
geschnitten wurde, der die äußeren
Geschlechtsmerkmale übersteigert darstellt. Die Platte
wurde stehend auf einem Sockel montiert. Augen und
Brustwarzen in Form von Kreisen, sowie ein leicht
angedeutetes Lächeln in Form einer Linie, sowie ein
Herz an der Stelle des Uterus, wurden ausgeschnitten,
sodass an diesen Stellen durch die Skulptur
hindurchgesehen werden kann. Sowohl die Arme als
auch die Beine sind unvollständig und enden jeweils auf
Höhe der Ober-
schenkel und der
Oberarme. Die
weibliche Darstellung
wird somit auf ihre
Gebärfähigkeit
reduziert und scheint
diese Tatsache
freudig zu umarmen.
Das Werk zeigt keine
namhafte Frau und
auch der Titel, lässt
Fragen offen, da es
sich bei „Amazonen

eigentlich um „männergleiche" Frauen handelt, die in den Kampf ziehen. (Pape 1914:249)
Laut Silke Wenk gibt es kein Abbild „einer gefährlichen Frau, kein Bild des Weiblichen, das eine Warnung vor der Frau enthielte". (Wenk 1987:222)

Köln war diesbezüglich scheinbar einzigartig, da das Werk der „speerschleudernden Amazone" eine bedeutende Ausnahme zu sein schien. Genau kann dies jedoch nicht eruiert werden, da das Werk im Krieg zerstört und nicht wieder rekonstruiert wurde. Dennoch wird im Kölner Stadtraum ein Werk ausgestellt, dass den Namen „Amazone" trägt, ihr jedoch in der mit ihrer verbundenen Gefährlichkeit, nicht gerecht wird.

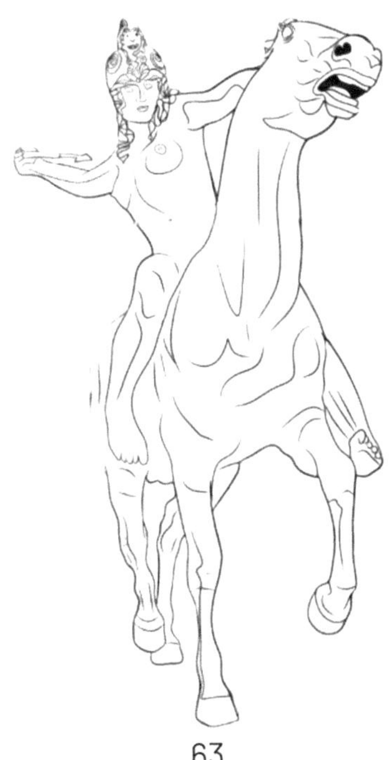

EDITH-STEIN-DENKMAL

Das Edith-Stein-Denkmal

Als Jüdin, Philosophin und Ordensfrau wird Edith Stein in der Altstadt-Nord in Form eines Personendenkmals geehrt, dass gleichzeitig mahnende Funktion hat. Die lebensgroße Bronzeplastik, die aus drei Frauengestalten besteht, welche die unterschiedlichen Lebensabschnitte von Edith Stein markieren, erinnert nicht nur an Edith Stein selbst, sondern wird laut Ute Schumacher auch „zu einer Erinnerung an alle Opfer des nationalsozialistischen Regimes."

Der Künstler Bert Gerresheim konzipierte eine sitzende Skulptur und zwei Stehende. Es ist kein deutlicher Alterungsprozess der weiblichen Darstellungen zu erkennen, lediglich die Attribute unterscheiden sich: Eine der beiden Stehenden wird durch Ordenskleidung und einen ans Kreuz geschlagenen Jesus Christus in ihren Händen, zum Symbol ihres christlichen Glaubens. Die in der Mitte gespaltene Darstellung symbolisiert ihr Philosophiestudium und die damit einhergehenden Auseinandersetzungen, die ggf. auch zu der Glaubenskrise führten. Die Sitzende stützt sich auf einem Davidstern ab, der ihren jüdischen Ursprung verdeutlicht. Vor den weiblichen Personen befindet sich eine Art Rampe, die von der gesamten Erscheinung an die Form eines Sarges erinnert, an deren Ende viele verschiedene Schuhe aufgehäuft sind, welche die Opfer des Nationalsozialismus symbolisieren.

Es befinden sich verschiedene Fußabdrücke auf der
Rampe, die sich von den Personen wegzubewegen
scheinen und die Opfer des Nationalsozialismus
symbolisieren, die bereits in den Tod gegangen sind.
Zudem sind Häftlingsnummern zwischen den
Fußabdrücken eingraviert. Auf der Mitte der Rampe
befinden sich Fußabdrücke, die auf die weiblichen
Figuren zuzulaufen scheinen. Diese sollen laut
Schumacher die Fußabdrücke Jesus Christus sein. Die
Skulptur der Ordensschwester blickt auf die
Fußabdrücke, wodurch eine Christusbegegnung
verdeutlicht wird. Die Darstellungen sind lebensgroß und
imposant, obwohl oder vielleicht, gerade weil sie fast
ebenerdig angeordnet sind und man Teil der Installation
wird. Es scheint das erste Werk zu sein, dass einen
deutlichen Bezug zu einer real existierenden Person hat
und diese facettenreich zu ehren scheint. Bereits der
Titel des Werkes gibt Aufschluss welcher Aspekt im
Vordergrund der Ehrung zu stehen scheint, denn die 1998
heiliggesprochene „Theresia
Bene-dicta a Cruce" legte mit
dem Ordensbeitritt ihren
bürgerlichen Namen, nämlich
Edith Stein ab.
(Jaiser 2002:149)

Es stellt sich also die Frage, warum das Werk ihren jüdischen, bürgerlichen Namen wählt um ihr als Heilige zu gedenken. Die Kirche bietet, laut Constanze Jaiser, mit Edith Stein eine Identifikationsfigur an, deren Ermordung nicht in ihrem Bekenntnis zum christlichen Glauben begründet ist, sondern vielmehr in der rasseideologischen Verfolgung durch die Nationalsozialisten. „Die historisch-politische Realität wird ausgeblendet und, weiter noch, die historische Schuld der Kirche in ein Heilsgeschehen umgedeutet." (Jaiser 2002:141) Darüber hinaus arbeitet Jaiser in ihrem Aufsatz „Christliche Legenden der Versöhnung" heraus, dass Steins Lebensgestaltung, angefangen bei ihrer „orthodox-jüdischen Herkunft", sowie keinerlei Ambitionen bezüglich „missionarischen Tuns" nicht den „Vorstellungen des Vatikans" entsprachen. (ebenda:148)

In ihrem 1939 verfassten Testament machte sie deutlich, dass sie „zur Sühne für den Unglauben des jüdischen Volkes" stehe. (Füllenbach 1999: 3) Es scheint, als sei Edith Stein aus politisch motivierten Gründen, bzw. für die Aufrechterhaltung eines „christlich-jüdischen Dialogs" selig und anschließend heiliggesprochen worden ist. (ebenda) Die Erinnerung und Ehrung von Edith Stein soll „im Wesentlichen drei Funktionen erfüllen, nämlich eine Brücke bilden zwischen Christentum und Judentum", sowie „als Heilige zur Mittlergestalt werden" und „als universale mütterliche Vermittlerin und als

stellvertretende Erlöserin". (ebenda: 154)
Diese, von Jaisel aufgeführten Funktionen, scheint das
Werk von Gerresheim zu erfüllen, sodass sich der
Gedanke aufdrängt, dass im Abbild Edith Steins nicht die
Person selbst, sondern institutionelle Befindlichkeiten
und auch die Mitschuld der Kirche negiert wird.

Edith Stein wurde nur 51 Jahre alt, doch während ihrer gesamten Lebzeit und vierzig Jahre länger noch, dauerte das Leben von Konrad Adenauer an, der 91 Jahre alt wurde. Seine Biografie stimmt nicht in den markanten Punkten, wie beispielsweise Or-denseintritt oder Tod durch die Nationalsozialisten mit Steins überein, allerdings lebten und wirkten beide mindestens 51 Jahre lang gleichzeitig. Beide Personen erfuhren in Köln eine öffentliche Ehrung, wobei Adenauers Denkmal ein Jahr vor Steins eingeweiht wurde. Allein die zeitliche Nähe der öffentlichen Präsentation der Werke im Stadtraum ermöglicht einen Vergleich.

Das „Konrad-Adenauer-Denkmal" zeigt nicht nur einen ehemaligen Kölner Bürgermeister, sondern auch den ersten Bundeskanzler der Bundesrepublik Deutschland. Das Werk misst 2,30 m und zeigt eine stehende Gestalt, die sich auf einem ca. 1 m hohen Sockel befindet. Das Werk wurde 20 Jahre nach dem Ableben Adenauers in Auftrag gegeben und zeigt ihn als „von der Last der Geschichte gebeugte Gestalt". Er trägt einen schwer anmutenden Wintermantel, welcher den Träger kleiner erscheinen lässt, als er ist. Dieser Mantel symbolisiert die „Last der Geschichte", die Adenauer zu tragen hatte. Er wird nicht als strahlender Held dargestellt, als Erfinder oder jemand, dem die Ereignisse nichts anhaben konnten. Stattdessen zeigt das Werk das Abbild eines Mannes, der eine Bürde auf seinen Schultern trägt und darunter zwar gelitten hat, aber nicht daran zerbrochen ist.

Dieser Aspekt wird auch durch die Materialität des Werkes deutlich: Die Figur selbst ist aus Bronze gegossen, mutet jedoch aufgrund der Ober-flächenstruktur an, als sei sie aus einem an der Oberfläche zerborstenen Stein gemeißelt worden, der aufgrund von Umwelteinflüssen über die Jahre gelitten hat, jedoch dennoch erkennbar ist.

Der Sockel hingegen ist aus Eifeler Basalt-Lava angefertigt und ist geprägt von strukturierter Stand-haftigkeit. Es wird deutlich, dass auch die Materialität Trägerin von Bedeutung ist: Basalt-Lava wird auch als „Urgestein der Erde" bezeichnet und ist äußerst robust. Das Gesicht ist in abstrakt reduzierter Weise dennoch von einer Erkennbarkeit geprägt, die jedoch auch vom Titel des Werkes unterstützt und anschließend herbeigeführt wird. Das Werk ist in seiner Schlichtheit ein Beispiel für die uneitle Ehrung eines Menschen, der nicht vordergründig an seiner eigenen Repräsentation interessiert war, sondern zur richtigen Zeit für und mit seinem Land durchgehalten hat.

Würde er nicht auf dem Sockel stehen, würde er in der Masse untergehen, was zusätzlich seine Bodenständigkeit unterstreicht, die vielleicht die größte posthume Ehrung darstellt.

Adenauers Ehrung sticht im Kontext der namhaften maskulinen Darstellungen hervor, da er zwar auf einem Sockel stehend, aber dennoch abstrakt, bzw. übersteigert dargestellt wird. Der Künstler löste sich in seiner Darstellung von einem dogmatischen Realismus und übersteigert beispielsweise die Darstellung des Mantels, um Adenauer kleiner erscheinen zu lassen, als er war. Dieser Gestus macht aus dem Staatsmann, der mit weltverändernden Problemen zu kämpfen hatte, einen Privatmann, der unter der Situation litt, wie jeder andere. Es wird kein Selbstbewusstsein oder gar heroische Ruhe als stilistisches Mittel zur Darstellung von Besonnenheit oder Zielstrebigkeit Adenauers genutzt, wie beispielsweise in den Werken zur Ehrung Wallraff und Richartz, Adolph Kolping, Bischof Severin oder der Reiterdenkmäler.

Adenauers Denkmal ist geprägt von Gewissenhaftigkeit als Tugend in schwersten Zeiten. Sein persönliches Tragen der Last des Mantels, symbolisiert die Last aller. Wäre im Werk zur Erinnerung an Edith Stein ein ähnlich persönlich motivierter Zugang etabliert worden, würde es sich sicher nicht um ein Werk handeln, dass von Jüdinnen und Juden als Provokation gedeutet werden kann. Füllenbach arbeitet in seinem Aufsatz "Die Heiligsprechung Edith Steins- Hemmnis im christlich

jüdischen Dialog?" heraus, dass es zweierlei Formen des
Gedenkens an Edith Stein gibt, die er als entweder
„mißlungen" oder „gelungen" bezeichnet. Sofern das
Gedenken eine „Verhamlosung der Schoa" impliziert,
kann nicht von einem gelungenen Denkmal gesprochen
werden, dass einen Platz im öffentlichen Raum verdient
hat. Sofern jedoch den „oft in Vergessenheit geratenen
Ermordeten" gedacht wird, indem sie visualisiert werden,
als Individuum, leistet dieses Werk einen Beitrag gegen
das Vergessen.

Doch was betrachten wir, wenn wir am Börsenplatz
stehen? Wir sehen drei Frauen und mit Bedeutung
aufgeladene Gegenstände, die auf den Nationalsozialismus und verschiedene Glaubenssätze verweisen.
Der Titel gedenkt einer Heiligen, jedoch wird sie nicht mit
dem dazugehörigen Namen geehrt, sondern mit ihrem
Geburtsnamen. Dies ist mehr als untypisch für
Heiligenverehrungen in der katholischen Kirche. Wenn
es um die Ehrung Edith Steins, bzw. Theresia Benedicta
a Cruce ginge, müsste man sich fragen, welche Ehrung in
ihrem Sinne gewesen wäre. Sie starb als Nonne, die in
ihrem Testament von Sühne schrieb. Sie wollte büßen
für die Sünden der Jüd:innen. Aus diesem Statement
könnte man herauslesen, das sie eine Schuld bei den
Jüd:innen sah, was aus damaliger aber vor allem aus
heutiger Sicht nicht in Ordnung ist. Ein Narrativ das auch
nur ansatzweise Schuld bei den Opfern der Schoa sucht,
darf nicht reproduziert werden.

Wir als Kunstbetrachter:innen müssen uns fragen, ob diese Ehrung in unseren Augen richtig ist, oder was es bräuchte, damit wir zufrieden sind.

Im Laufe der Untersuchung des Werkes von Gerresheim, haben wir uns inhaltlich von der Frauendarstellung entfernt, da wir tief eingetaucht sind in die inhaltliche Deutung des Werkes. Sehen wir eine emanzipierte Frau, die um ihrer selbst willen geehrt wird, oder sehen wir das Abbild einer Frau, die für etwas anderes steht?

Wie könnte ein Werk aussehen, dass nur Edith Stein ehrt oder nur Theresia Benedicta a Cruce?

74

TRUDE-HERR-DENKMAL

Das Trude-Herr-Denkmal

Das Trude-Herr-Denkmal wurde im Jahr 2002 im gleichnamigen Trude-Herr- Park, in unmittelbarer Nähe zum Bürgerhaus Stollwerck eröffnet. Sowohl das Werk als auch eine erste Restaurierung, wur-den durch den Trude-Herr- Fanclub, welcher aus vierzehn Mitgliedern besteht, übernommen. Über den Künstler, Elmar Schulte können zum aktuellen Zeitpunkt keine weiteren Aussagen getroffen werden.

 Laut Hella von Sinnen wird die 1927 geborene Trude Herr in drei Facetten abgebildet: „Als Schauspielerin, als Sängerin und als verträumte Frau." Das Werk besteht aus drei metallenen Platten, aus denen drei scheren-schnittartige Interpretationen Herrs geschnitten wurden, die sich jeweils gegenseitig überragen und hintereinander hervorschauen. Die vorderste und somit kleinste Interpretation zeigt eine abstrakt reduzierte Interpretation Herrs, die sie als Sängerin abbildet. Die mittlere Darstellung akzentuiert die vor ihr stehende singende Facette ihrer selbst, indem sie sich selbst zuzuhören und das Gesungene zu verarbeiten und zu fühlen scheint. Es wird eine tiefe Emotionalität deutlich, die in sich gekehrt und selbstreverentiell scheint. Die größte und enthusiastischste Darstellung hält eine Glocke in der rechten Hand, welche voller Begeis-terung in die Luft gestreckt wird. Das Werk ist auf einem steinernen Sockel angebracht und durch einen Halbkreis mit einem Kölner Dom-Silhouette miteinander verbunden.

Das Werk scheint eine Karikatur der zu ehrende Person zu sein, von der sogar Videoaufnahmen existieren und daher auch posthum eine realitätsgetreue Interpretation möglich gewesen wäre. Es wird ein Werk geschaffen, dass Herr als bewegte Entertainerin zeigt. Jedoch stellt sich die Frage, warum auch hier auf mehrere Facetten ihrer Selbst zur Abbildung ihrer Person zurückgegriffen werden musste. Reicht es nicht eine Trude Herr zu zeigen, die auch schon zu Lebzeiten in der Lage war ihre verschiedenen Anteile in sich selbst zu vereinen und zusätzlich auch noch ungemein emanzipiert für die damalige Zeit in Erscheinung trat. Aufgrund ihrer Bodenständigkeit wurde Herr als neue Namenspatronin für die 11. Städtische Gesamtschule im Stadtteil Mülheim ausgewählt, welche im Jahr 2020 zur „Trude-Herr-Gesamtschule" umbenannt wurde.

Das Werk erinnert an die Bundesverdienstkreuz Trägerin Trude Herr und versucht ihr Wesen zu visualisieren und ihrer zu gedenken. Es bietet sich ein Vergleich der Werke zum Andenken an Trude Herr und Willy Millowitsch an, da beide mit einem Bundesverdienstkreuz geehrt wurden und beide Entertainer:innen waren.

Bei dem Willy-Millowitsch-Denkmal" handelt sich um eine realitätsgetreue Abbildung des Ehrenbürgers und Bundesverdienstkreuzträgers, der auf einer ebenfalls aus Bronze gegossenen Bank sitzt und der betrachtenden Person ermöglich sich neben ihn zu setzen und sitzenderweise im Arm gehalten zu werden. (Knöchel: 2019/2023) Die Darstellung des Willy Millowitschs ist den Realismuskriterien verschrieben, zeigt ihn zwar bodenständig, aber dennoch ikonenhaft in sich ruhend als Allegorie des „Kölschen Jung", die bzw. den er selbst schuf.

Der Entertainer hat zur Ruhe gefunden und wird fast in der Tradition der Werke „Franz Ferdinand Wallraf und Johann Heinrich Richartz", etabliert.

Die Werke Albermanns sitzen ehrwürdig auf Sockeln im Zentrum der Stadt und ihrer Wirkungsfläche. Eine realitätsgetreue Darstellung, die darüber hinaus zwei in sich ruhende, gebildete Männer zeigt, die für die Kulturlandschaft Kölns stehen und gleichzeitig Vorbild und Anreiz für Bürger:innen der Stadt sein sollen, sich ebenfalls „gemeinnützig zu engagieren".
(Brenner: 2004: 15)

Ob das Werk Millowitschs ebenfalls als Appell zur
Mitgestaltung der Stadt gelesen werden kann, bleibt
offen, jedoch ist der Appellcharakter des Werkes nicht
zu   negieren, da betrachtende Personen mit dem Werk
interagieren können und sollen.
Es stellt sich die Frage, ob im Werk Trude Herrs
qualitativ gleichwertig Herr gedacht wird, wie im „Willy-
Millowitsch-Denkmal" an Willy Millowitsch. Nach dem
oberflächlichen Vergleich erscheint Herrs Werk eher als
dreifache Karikatur ihrer selbst, die mehr allegorischen
Charakter zu haben scheint. Sie wird zur Allegorie der
Lebensfreude.

Neben der ungleichen Verteilung der Repräsentation weiblicher Darstellungen im Vergleich zu männlichen Darstellungen im Stadtraum, fällt auf, dass es sowohl ein emanzipiertes als auch ein qualitativ hochwertiges Gedenken von Frauen gab. Dies wird deutlich in den Werken der „Speerschleudernde Amazone" und dem „Kaiserin Augusta Denkmal".

 Die Werke wurden im Krieg beschädigt und nicht rekonstruiert. Dabei hat die Stadt Köln gezeigt, dass es möglich ist bedeutende Werke zu rekonstruieren, wie beispielsweise die Werke zu Ehrung des preußischen Königs Friedrich Wilhelm III. 47 Jahre nach Zerstörung des Werkes wurde die Rekonstruktion im Jahr 1990 enthüllt.

Auch die Büste zur Ehrung Johann Wilhelm Kaesens, wurde zerstört und anschließend rekonstruiert. Natürlich wurden damit nicht alle im Krieg zerstörten Werke rekonstruiert, jedoch ist die Quote der Rekonstruktion maskuliner Werke deutlich höher und auch die qualitative Umsetzung der Rekonstruktion. Es wurde zumindest in den oben genannten Beispielen versucht sich am Original zu orientieren.

Der Umgang mit den Überresten des Kaiserin Augusta Denkmals zeigt, wie die Stadt Köln mit dem Vermächtnis des vielleicht einzigen Werkes umgeht, dass eine namhafte Frau ehrt: Der noch erhaltene Kopf wurde auf eine Stange gesteckt und im Außenbereich der Kölner Flora installiert. Sie wirkt grotesk und aufgespießt und entbehrt jeglichen Bezug zu dem eigentlich äußerst ehrenwerten Denkmal, dass sich am Kaiser-Wilhelm-Ring befunden hat. Es ist jedoch noch immer möglich sich der Rekonstruktion des Werkes anzunehmen und zu beginnen die Lücken zu füllen.

Verständnis um zu Verändern

Um einen Veränderungsimpuls generieren zu können,
muss erst ein Bewusstsein entwickelt werden. In
diesem Beispiel ein Bewusstsein dafür zu erkennen,
dass namhafte Männer in Köln als sie selbst geehrt und
reproduziert werden. Es ist eine maskuline
Geschichtsschreibung, die noch immer andauert und
gleichzeitig die Gegenwart und das Stadtbild prägt.
Allein die Tatsache das in dieser Ausarbeitung zwischen
dem männlichen und weib-lichen Geschlecht
unterschieden wird und nicht zeitgemäßer
argumentiert wird, unter Berücksichtigung einer
„diversen" Argumentation, zeigt, dass die
Kunstgeschichte, bzw. die skulpturale öffentliche
Realität, noch nicht in der heutigen Zeit angekommen
ist. Es gibt nur zwei Kategorien und eine davon ist nicht
gleichwertig, weder in der Anzahl der Repräsentation
noch im qualitativen Erinnern. Bei weiblichen
Darstellungen wird der Körper genutzt, um politische
oder religiöse Ideale zu visualisieren, sie zu
instrumentalisieren. Die Stadt Köln ist eine
überdurchschnittlich katholisch geprägte Stadt und
diese Prägung ist historisch verankert. Ob die
katholische Prägung der Stadt einen Einfluss auf die
misogyne Darstellungsweise und Instrumentalisierung
von Frauenbildern hat, müsste tiefgreifender und im
Vergleich mit anderen Städten untersucht werden, aber
das ist ein anderes Thema.
Die Ehrung der männlichen Personen erfolgt in

Köln motiviert davon, Bürger, die in besonderem Maße in Erscheinung getreten sind oder Menschen, die einen Bezug zur Stadtgeschichte haben, zu ehren. Sofern das Ebenbild der Person nicht rekonstruiert werden kann, tritt „an die Stelle von etwas unwiderruflich Vergangenem" eine neue Interpretation Dessen. (Wenk 2002:16)
 Die ursprüngliche „Repräsentation wird selbst Wirklichkeit werden und Interpretationen von Geschichte anstelle des Faktischen treten", so ordnet Silke Wenk Werke im Kontext des Umgangs mit der Erinnerungskultur des Holocausts ein. (ebenda:17)
 Dieser Prozess ist mit Vorsicht zu betrachten, so stellt es Wenk heraus, denn man greift aktiv in die Rezeption von Historizität ein.

Die vergangenen stadtpolitischen Entscheidungen prägen, visualisiert durch die im öffentlichen Raum ausgestellten Werke, eine Realität: Köln als Stadt nutzt den weiblichen Körper als Repräsentationsraum für Inhalte, die über das wofür die Abgebildete steht, hinausgehen und die eigentliche Person in den Hintergrund rücken lässt. Männlich gelesene Werke dürfen um ihrer selbst Willen existieren. Es scheint, als würde eine Frau, als sie selbst nicht ausreichen. Dieses Fazit ist jedoch rein subjektiv und darf gerne individuell angepasst werden.

An dieser Stelle muss jedoch erneut auf die Abwesenheit anderer marginalisierter Gruppen hingewiesen,
deren Sichtbarkeit aufgrund gänzlicher Abwesenheit
nicht untersucht werden konnte.

Gegenwart und Zeitgeist

Um der Tatsache der Unterrepräsentation von Frauen und anderer marginalisierter Gruppen gerecht werden zu können, bzw. diese Unterrepräsentation anzuerkennen, bedarf es eines Werkes das Frauen nicht zu Allegorien herabstuft, sondern sie individuell ehrt und gleichzeitig die Themen Frauenrechte, Gleichberechtigung bzw. Sichtbarkeit thematisiert. Die Städte London und New York haben unter anderem versucht ihren öffentlichen Bestand durch ein solches Werk in der heutigen Zeit und der aktuellen Debatte ankommen zu lassen. Im Beispiel Londons wurde die Künstlerin Maggi Hambling damit beauftragt eine Gedenkstehle zu entwerfen, die der englischen Schriftstellerin und Frauenrechtlerin Mary Wollstonecraft gewidmet sein soll. Hambling erntete für ihr Werk, dass eine ca. 30 cm große unbekleidete Frau visualisiert, die auf ca. 3m Entfernung zum Boden angebracht ist und aus einem abstrakt anmutenden ca. 1,50m hohen undefinierbaren Formkonvolut entspringt, der wiederum auf einer Plinthe fixiert ist. Hambling interpretierte den Auftrag, indem sie eine Skulptur für Wollstonecraft schuf und nicht Wollstonecraft selbst unbekleidet abbildete. Das Werk solle die gesamte Frauenrechtsbewegung darstellen und die Eine unbekleidete weibliche Darstellung, stehe stellvertretend für alle Frauen. So schuf Hambling im Jahr 2022 eine weitere Allegorie, anstatt eine namhafte Frau um ihrer selbst willen zu ehren.

Im Central Park in New York wurde im Jahr 2020 das
„erste Denkmal eingeweiht, das historische Frauen
zeigt". Das Werk aus Bronze zeigt drei Frauen, die
gemeinsam an einem runden Tisch sitzen und ihre
Forderungen zu verschriftlichen scheinen. Bei den drei
Visualisierten handelt es sich um die Susan B. Anthony,
Elizabeth Cady Stanton und Sojourner Truth. Bei Truth
handelt es sich um eine ehemals versklavte
afroamerikanische Frau, die sich neben den
Frauenrechten auch für die Rechte der
Afroamerikaner:innen einsetzte.

Sowohl Wollstonecraft als auch Truth und Anthony werden in dem installativen Werk „The Dinner Party" der Künstlerin Judy Chicago in Form eines Gedecks geehrt. Das Werk thematisiert bedeutende Frauen und leistet einen wertvollen Beitrag, sollte das fragwürdige Narrativ greifen, dass es lediglich Männer gäbe, die sich ehrwürdig im Laufe der Geschichte hervorgetan hätten: Der gedeckte Tisch, der 39 Frauen ehrt, steht auf einem Boden der mit weißen Fliesen ausgelegt ist. Dieser Boden symbolisiert das Fundament des Tisches, bzw. der Frauenbewegung. Jede der 999 Fliesen ist mit dem Namen einer bedeutenden Frau versehen.
Köln hat sich bereits zweier Darstellung gewidmet, nämlich Gedeck 07 welches für „Amazonen" vorgesehen ist und Gedeck Nummer 10, für „Sappho".
Es mangelt nicht an bedeutsamen namhaften Frauen, sondern lediglich ihrer bedeutsamen Darstellung und Repräsentation im Stadtraum.

Wen könnte man ehren?

Die Geschichte gibt genug her, auch in Bezug auf weibliche Personen, die sich anbieten würden. Im Folgenden werden bedeutende weibliche Personen hervorgehoben, die zum Teil bereits in Köln in Form von Straßennamen oder Ähnlichem erwähnt sind, oder welche, die bereits drohen in Vergessenheit zu geraten.

Es handelt sich lediglich um eine Auswahl an weiblichen Personen, die sich anbieten würden und zum Teil bereits in anderer Form in Köln vertreten sind. Natürlich reicht diese gerine Auswahl nicht aus und tatsächlich muss großflächig anders gedacht werden, um eine Veränderung herbeizuführen. Die Kategorisierung in "männlich" und "weiblich", die in dieser Ausarbeitung vorgenommen wird, ist eigentlich zeitgeschichtlich überholt, daher könnte es auch ein sinnvolles Zeichen sein, den Zeitgeist zu überspringen und marginalisierten Gruppen zu einer stärkeren Sichtbarkeit im Stadtraum zu verhelfen.

Freya Gräfin von Moltke

Freya Gräfin von Moltke wird in Form einer Relieftafel am Deichmannhaus in unmittelbarer Bahnhofsnähe geehrt. Neben dem Bronzerelief einer alten Frau, deren Gesicht stark zerfurcht ist, steht eine Botschaft, die besagt: „Es lohnt sich immer, etwas zu tun, was man nicht für sich tut. Das ist auf dieser Erde fast für jeden zu finden."

Der Anbringungsort des Reliefs, nämlich die Fassade des Deichmannhauses ist nachvollziehbar und sinnvoll, da es von Moltkes Großvater errichtet wurde. Es befindet sich auf dem Bahnhofsvor-platz und trägt die Hausnummer 7-9. Das Deichmannhaus, oder damals auch „Palais Deichmann" genannte Haus, wurde 1867 errichtet. Bauherr und Besitzer des Hauses war der Kölner Bankier Wil-helm Ludwig Deichmann, welcher der Großvater von Freya Maria Helene Ada Moltke, geborene Deichmann war. Die im Jahre 1911 geborene ging als Widerstandskämpferin gegen die Nationalsozialisten in die Geschichte ein. Zudem war sie Schriftstellerin und Juristin. Ihr erster Mann, dessen Namen sie bis zu ihrem Lebensende trug, war Helmut James Graf von Moltke, den sie im Oktober 1931 heiratete. Sie bekamen zwei gemeinsame Kinder. Im Rahmen ihres Studiums promovierte sie im Jahre 1935 zum Dr. jur. Der Titel erscheint jedoch recht selten in ihrer posthumen Ehrung.

Im Januar des Jahres 1944 wurde das Ehepaar Moltke voneinander getrennt, da Helmut James von Moltke im Alter von 37 Jahren von der Gestapo verhaftet wurde.

Moltke wird als tiefreligiöser Mensch beschrieben, der sowohl entschieden gegen das Regime der Nationalsozialisten war, jedoch auch gleichermaßen gegen einen gewaltvollen Putsch. Als Jurist, schien er an Recht und Ordnung zu glauben und nahm auch eigene Rückschläge für seine Überzeugung in Kauf, wie beispielsweise sein Verzicht das Richteramt auszuüben im Jahr 1935. Er verzichtete, da er der NSDAP hätte beitreten müssen. Stattdessen war er bis zu seiner Verhaftung als Rechtsanwalt tätig. Seine Verhaftung erfolgte, da Moltke seinen Freund Otto Kiep vor dessen bevorstehender Verhaftung warnte, jedoch war die Gestapo zu schnell und verhaftete beide. Beide waren im Widerstand des Kreisauer Kreises tätig, jedoch konnte Moltke keine Beteiligung an Staatsstreich-Vorbereitungen nachgewiesen werden, was jedoch nichts an seinem Schicksal veränderte. Er galt damals und auch heute noch als Kopf des Kreisauer Kreises, deren Mitglieder sich gedanklich mit einem Deutschland nach Hitler beschäftigten. Zudem war Moltke in der Position Reisen ins Ausland tätigen zu können, sodass er Kontakte knüpfen konnte. Er musste sich im Rahmen seines Prozesses vor dem Volksgerichtshof unter der Leitung des Richters Roland Freisler verantworten. Freisler gilt als bekanntester Strafrichter des

nationalsozialistischen Deutschlands und sein Name wird laut Wikipedia „zu einem Synonym der Unrechtsjustiz". Hans Lilje , der ebenfalls in Plötzensee inhaftiert war und durch Freisler zu einer vierjährigen Haftstrafe verurteilt wurde, schrieb in seiner Biografie folgende, beeindruckende Zeilen über Moltkes Prozess: Moltke sei in „klarer Er-kenntnis des schon beschlossenen Todesurteils" Freisler gegenübergetreten und hatte dennoch „den moralischen Mut zum Angriff auf Freisler und die gesamte Institution". Zudem wird Moltke im Rahmen des Prozesses von Inge Aicher-Scholl mit folgendem Aufruf zitiert. „Macht eine Legende aus uns."
Im Rahmen des Prozesses wurde er zum Tode verurteilt und zwölf Tage später im Gefängnis Plötzensee gehängt.

Zum Zeitpunkt der Verhaftung ihres Mannes war Freya von Moltke 33 Jahre alt und die Kinder waren im Alter von sieben und drei Jahren. Während der Zeit, die ihr Mann in Haft saß, stand das Ehepaar über Briefe in Kontakt, die zum Teil später veröffentlicht wurden. Insgesamt waren es 1600 Briefe, die ihr Mann ihr aus Plötzensee zusendete. Er ließ sie teilhaben an seinen Gedanken und verabschiedete sich von seinen Kindern. Ein Auszug zeigt, wie sehr er sich mit seiner Frau verbunden gefühlt haben muss, trotz ihrer Abwesenheit.

„Im Halbschlaf hatte ich einen merkwürdigen Gedanken,
Ich kam zur Hinrichtung nach Plötzensee und da sagte
der Henker: „Wie soll ich denn den linken alleine
hinrichten ohne den rechten (..).“ Und als man mich
ansah, da warst Du an meiner rechten Seite
angewachsen – wie die siamesischen Zwillinge.“
Helmut Graf von Moltke wurde am 23. Januar 1945 in
Plötzensee hingerichtet. Seine Witwe flüchtete nach
Ende des Krieges mit den beiden Kindern aus
Deutschland und lebte zunächst in Südafrika, bis sie 1960
nach Amerika siedelte, wo sie bis zu ihrem Tod blieb.
Warum werden diese beiden Menschen nicht anders in
Köln geehrt?

Cilly Aussem

Cilly Aussem gewann als erste Deutsche im Jahr 1931 das Tennis Turnier in Wimbledon. Sie wurde in Köln geboren und besuchte das Ursulinengymnasium. Es gibt zahlreiche Fotografien von ihr, die es ermöglichen würden sie realitätsgetreu abzubilden.

Katharina Henot

Bei Katharina Henot handelt
es sich um eine Kölnerin, die
vermutlich zwischen 1580
und 1627 in Köln lebte. Sie
war hoch angesehen,
vermögend, zweifach
verwitwet und wurde der
Hexerei angeklagt. Im
Rahmen des Hexen-
prozesses wurde sie
erdrosselt und anschließend
verbrannt.

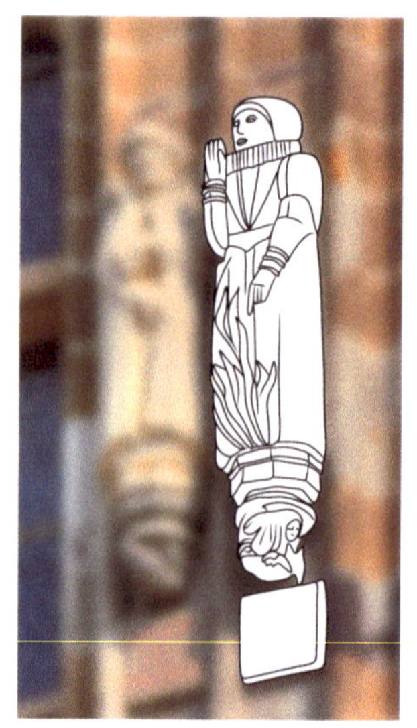

Laut Wikipedia reichten die Nachfahren Henots im Jahr
2011 einen Antrag auf sozialethische Rehabilitation der
Opfer der Kölner Hexenprozesse ein, welcher einstimmig
befürwortet wurde.

Katharina Henot wurde rehabilitiert und dennoch ist ihr
Schicksal erschreckend und es sollte stärker an sie
erinnert werden. Seit 1989 befindet sich eine Skulptur,
die an Henot erinnern soll am Kölner Rathausturm. Die
Skulptur wurde an der Bildhauerin Marianne Lüdicke
angefertigt, die von einer Quelle als Nachfahrin Henots
bezeichnet wird.

Bei der Darstellung Henots stellt sich jedoch die Frage, wie ihrer gedacht werden soll. In der Darstellung am Rathausturm dominiert das Feuer, das sie zu ermorden droht und gleichzeitig das Narrativ der Hexenverbrennung bedient. Die künstliche Intelligenz Midjourney kreierte ein Bildbeispiel, dass die Aufgabe hatte Henots Schicksal in einer Skulptur zu verbildlichen, die die betrachtenden Personen mit ihrem Schicksal berüht, kreierte eine Figur, die sich nah am Boden befindet und die vorbeilaufenden Menschen aus einem Aschehaufen heraus ansieht.

Katharina Henot hat es verdient das ihrer in Form einer Skulptur gedacht wird, die jedem vorbeilaufenden Menschen ihr Schicksal in Erinnerung ruft. Das Unrecht was ihr widerfahren ist hat, obwohl sich die Zeiten verändert haben, noch immer hohes Identifikationspotenzial. Ausgangspunkt der Tragödie war üble Nachrede und eine misogyne Gesellschaft, der mehr Miteinander und Zugewandheit helfen würde.

Negativ zu bewerten an der Idee der Skulptur ist jedoch, dass die Abgebildete den Vorbeilaufenden untergeordnet wäre, aufgrund der Größe der Figur.

Ein vielleicht sinnvollerer Gedanke könnte sein, Henot in einer rehabilitierten Art und Weise zu ehren, was bedeuten könnte das Leben vor des Hexenprozesses zu visualisieren, oder das Leben, was sie geführt hätte, wenn all das nie passiert wäre.

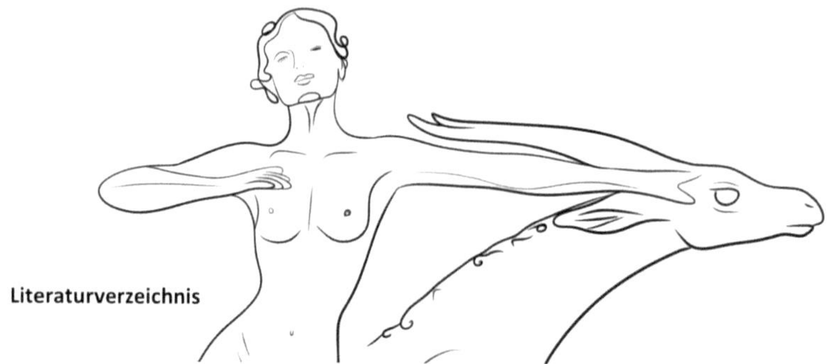

Literaturverzeichnis

Chicago, Judy (1984). *Durch die Blume*, 243. Hamburg: Rowolth.

Conrads, Rudolf & Wiemer, Karl-Peter (2018). *Denkmal des heiligen Severin in der Spielmannsgasse*. In: KuLaDig, Kultur. Landschaft. Digital. Zugriff am 13.10.23, auf https://www.kuladig.de/Objektansicht/KLD-277960

De Bie, Pim (2009): *Andriessen, Marie Silvester (Mari)*. Zugegriffen am 28.09.23, auf https://www.dodenakkers.nl/kunst-cultuur/andriessen.html

Deutscher Bundestag (2019). Der lange Weg zum Frauenwahlrecht. Zugriff am 11.1.23, auf https://www.bundestag.de/dokumente/textarchiv/2019/kw47-frauenwahlrecht-669048#:~:text=Am%2030.,Mal%20wählen%20und%20gewählt%20werden.

Eder, Rebecca (2022). *Rebecca Eeder über die bittersüße Erfindung der Schokolade*. Zugegriffen am 05.11.23, auf https://www.aufbau-verlage.de/aufbau-taschenbuch/im-gespraech/rebekka-eder-ueber-die- bittersuesse-erfindung-der-schokolade

Eppinger, Stefan (2022). *Kölner Köpfe und Orte: Trude Herr*. Zugegriffen am 10.10.23, auf https://www.report-k.de/koelner-koepfe-und-orte-trude-herr/

Franken, Irene (2008*). Frauen in Köln. Der historische Stadtführer.*

Füllenbach, Elias H. (1999). *Die Heiligsprechung Edith Steins- Hemmnis im christlich-jüdischen Dialog?* In: Freiburger Rundbrief. Zeitschrift für christlich-jüdische

Begegnungen. Zugriff am 04.11.2023 auf https://www.freiburger-rundbrief.de/de/item_650.html

Fußbroich, Helmut (2000) *Skulpturenführer Köln. Skulpturen im öffentlichen Raum nach 1900.* 24-104. Köln: J. P. Bachem Verlag

Güleryüz, Asli (2016). *Das Schokoladenherz der Welt.* Zugriff am 04.05.23, auf https://www.meinesuedstadt.de/das-schokoherz-der-welt-ja-das-war-koelle/
Gottlöber, Susan (2013). *Edith Stein, Teresa Benedicta a Croce (1891-1942), Philosophin.* 283-308. In: Rheinische Lebensbilder 19.

Hausammann, Rita, Ronald Hauser, Peter Heller, Henry A. Lea, and Gerhard Marcks (1961). *Gerhard Marcks on His Life and Work.* 518-538. In: The Massachusetts Review 2, no. 3

Hoffmann, Edith (1956*). Rik Wouters at the Biennale. 334-332.* In: *The Burlington Magazine* 98, no. 642 (1956): 334–332

Hoffmann-Curtius, Kathrin (2002). *Feminisierte Trauer und aufgerichtete Helden. Figürliche Denkmäler der frühen Nachkriegszeit in Deutschland und Österreich.* 383-389. In: Eschenbach, Insa, Jacobeit, Sigrid & Wenk, Silke (2002). *Gedächtnis und Geschlecht. Deutungsmuster in Darstellungen des nationalsozialistischen Genozids.* Frankfurt am Main: Campus Verlag.

Intveen, Stefanie (2020) Peter Trinogga: Die Freiheit stirbt stückweise. Rede zum Tag der Befreiung am 08.Mai 2018. Zugegriffen auf https://www.friedenkoeln.de/?p=12322 am 13.11.23.

Jaiser, Constanze (2002). *Christliche Legenden der Versöhnung. Edith Stein, Maximilian Kolbe und die Ravensbrücker Ordensschwestern.* 148-154 In: Eschenbach, Insa, Jacobeit, Sigrid & Wenk, Silke (2002*). Gedächtnis und Geschlecht. Deutungsmuster in Darstellungen des nationalsozialistischen Genozids*. Frankfurt am Main: Campus Verlag.

Kievernagel, Uli (2020). *Der Köln-Lotse- Stadtführung mit Spaß. Trude Herr: Niemals geht man so ganz.* Zuletzt aufgerfen am 05.11.23, auf https://www.koeln-lotse.de/2020/05/16/trude-herr-niemals-geht-man-so-ganz/

Knöchel, Franz Josef (2019). *Denkmal für Josef Kardinal Frings am Laurenzplatz.* In: KuLaDig, Kultur. Landschaft. Digital. Zugriff am 13.10.23, auf https://www.kuladig.de/Objektansicht/KLD-291618

Knöchel, Franz Josef (2018). *Denkmal für den preußischen König Friedrich Wilhelm III.* Zugriff am 04.11.23, auf https://www.kuladig.de/Objektansicht/KLD-275642

Knöchel, Franz Josef (2019). *Willy-Millowitsch-Platz mit Denkmal am Gertrudenplätzchen in Altstadt-Nord.* In: KuLaDig, Kultur. Landschaft. Digital. Zugriff am 12.10.23, auf https://www.kuladig.de/Objektansicht/KLD-290336

Knöchel, Franz Josef (2019). *Trude-Herr-Park mit Trude-Herr-Denkmal. Park und Denkmal für Gertrud Herr am Bürgerhaus Stollwerck.* In: KuLaDig, Kultur. Landschaft. Digital. Zugriff am 13.10.23, auf https://www.kuladig.de/Objektansicht/KLD-290326

Kröger, Lisa (2003). *Brunnen. Kölner Frauen im Wandel der Zeiten.* Zugriff am 04.11.23, auf https://www.kuladig.de/Objektansicht/KLD-344663

Kroll, Wilhelm (1925). *Lesbische Liebe.* 2100-2102 In: Paulys Realencyclopädie der classischen Altertumswissenschaft (1996). Band XII, 2. Stuttgart: University of California Press.

Kunstgiesserei Schweitzer (2000): Stollwerck-Mädchen, Sepp Hürten. 1989. Zugegriffen auf https://www.kulturelles-erbe-koeln.de/documents/obj/40010256 am 13.11.23.

Kürten, Werner (2007). *Kölner Frauen im Wandel der Zeiten – der Frauenbrunnen An Farina und Anneliese Langenbach.* In: Krune un Flamme. Mitteilungen des Heimatvereins Alt-Köln, 8-10. Köln.

Meier, Wolfgang (2009): Sappho, Emile Antoine Bourdelle. Rheinisches Bildarchiv Köln. Zugegriffen auf: https://www.kulturelles-erbe-koeln.de/documents/obj/40010161 am 13.11.23.

Meier, Wolfgang (2009): Willy Millowitsch, Raimund Kittl (1992) Zugegriffen auf https://www.kulturelles-erbe-koeln.de/documents/obj/40010102 am 13.11.23.

Mennicken, Marion (2000). Häusliche Sorgen, Rik Wouters (1956). Rheinisches Bildarchiv Köln. Zugegriffen auf https://prometheus.uni-koeln.de/de/image/koeln_rba_museen-b0b4e922affb2db3fefdb75533953492552c0935 am 13.11.23.

Mennicken, Marion (2021). Diana mit springender Antilope (1916). Rheinisches Bildarchiv Köln. Zugegriffen auf https://www.kulturelles-erbe-koeln.de/documents/obj/40010347 am 13.11.23.

Munar, Sandra (2023): Kaiserin Augusta Büste. Zugegriffen auf https://www.rhein-pegel.de/index3.php?stadt-koeln/kaiserin-augusta-bueste-flora-koeln am 13.11.23.

Pape, Wilhelm (1914) *Handwörterbuch der griechischen Sprache.* 249. Braunschweig: Vieweg & Sohn.

Rahmann, Stefan (2022). *Sie war unantastbar. Kölner Südstädter erinnern sich an Trude Herr.* Erschienen im Kölner Stadtanzeiger vom 06.05.2022. Zugegriffen am 10.10.23, auf https://www.ksta.de/koeln/koelner-innenstadt/altstadt-sued/unantastbar-koelner-suedstaedter-erinnern-sich-an-trude-herr-238615

Ramaker, Wim & Van Bohemen, Ben (1980*). Sta een ogenblik stil… Teksten van Wim Ramaker bij een beeldregistratie van Ben van Bohemen.* 14-15. Kampen: Uitgeversmaatschappij.

Spekking, Raimung (2021): Fischbrunnen von Reiner Walk, Fischmarkt, Köln. Zugegriffen auf https://de.wikipedia.org/wiki/Fischmarkt_(Köln)#/media/Datei:Fischbrunnen_von_Reiner_Walk,_Fischmarkt,_Köln-9976.jpg am 13.11.23.

Sziráki, Akos (2023). *Projekte: Neuanfertigung/Reconstruction Johann Wilhelm Kaesen in Köln.* Zugegriffen am 28.10.23, auf http://www.art-by-myself.de/styled-2/photos-4/

Thomann, Björn (2017). *Jupp Schmitz. Komponist und Stimmungssänger.* In: Internetportal Rheinische Geschichte. Zugegriffen am 13.10.23, auf https://www.rheinische-geschichte.lvr.de/Persoenlichkeiten/jupp-schmitz/DE-2086/lido/5e4bbea3c0b4b4.17474924

Wasserschleben, F. W. H. (1840). *Reginonis abbatis Prumiensis libri duo de synodalibus causis et disciplinis.* 355. Zitiert nach: Carlo Ginzburg (1990). *Hexensabbat. Entzifferung einer nächtlichen Geschichte.* 91-92. Berlin: Wagenbach.

Weber, Florian (2018). *Sockelfigur und Bildtafeln am Reiterstandbild auf dem Kölner Heumarkt.* In: KuLaDig, Kultur. Landschaft. Digital. Zugriff am 12.10.23, auf https://www.kuladig.de/Objektansicht/KLD-276745

Zeller, Joachim (2016). *Wilde Moderne. Der Bildhauer Fritz Behn (1878-1970),* 135-158. Berlin: Nicolai Verlag.

Weitere Bücher von @hannasroth:

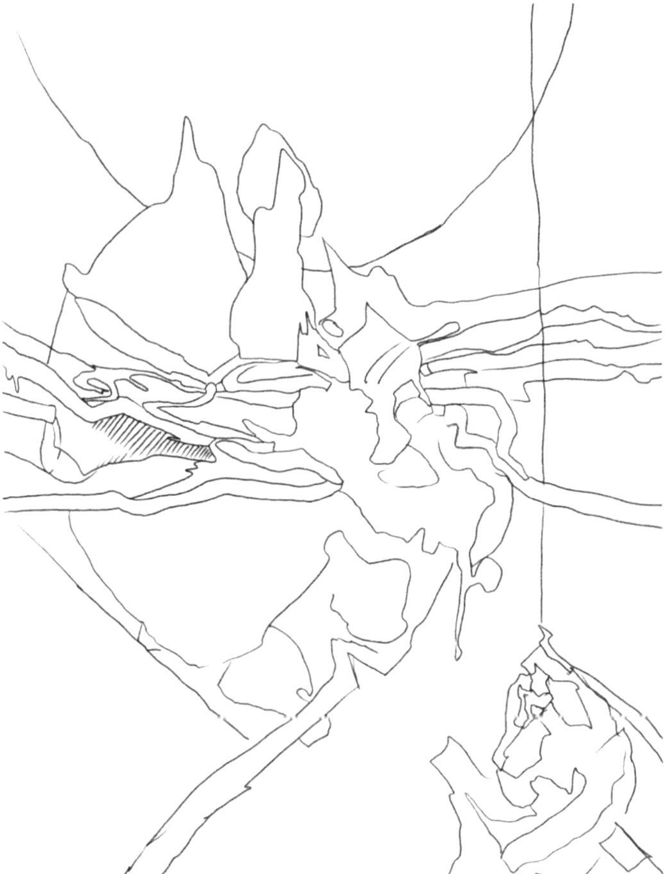

"Abstract-Coloring-Book"

"Reimagining Art: A Coloring
Book of Timeless Treasures"

Weitere Bücher von @hannasroth:

"Kreatives Blumen-ABC-Malbuch"

Weitere Bücher von @hannasroth:

"Looking for (lovely) Monsters"
A creativity-enhancing-coloring-book

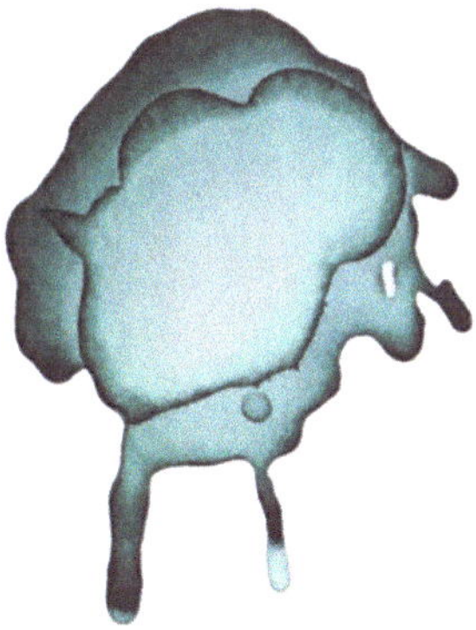

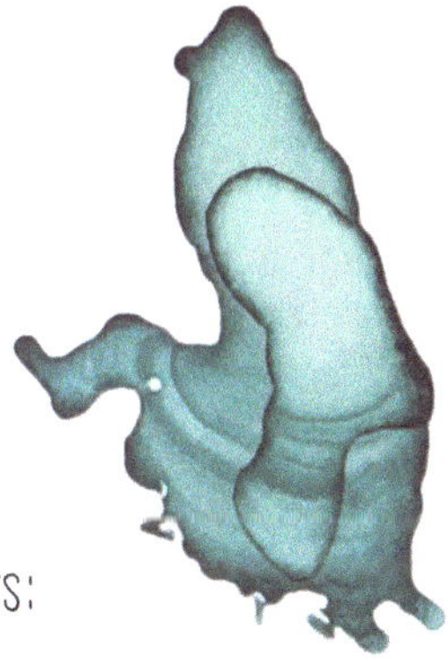

Add lines and create (lovely) Monsters:

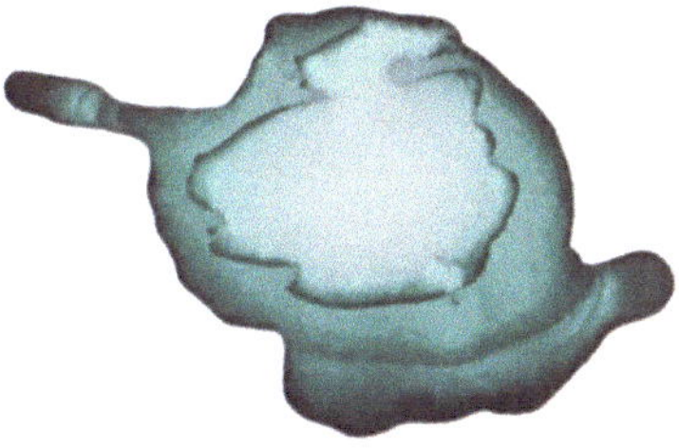

"WRITING BAD WORDS..."

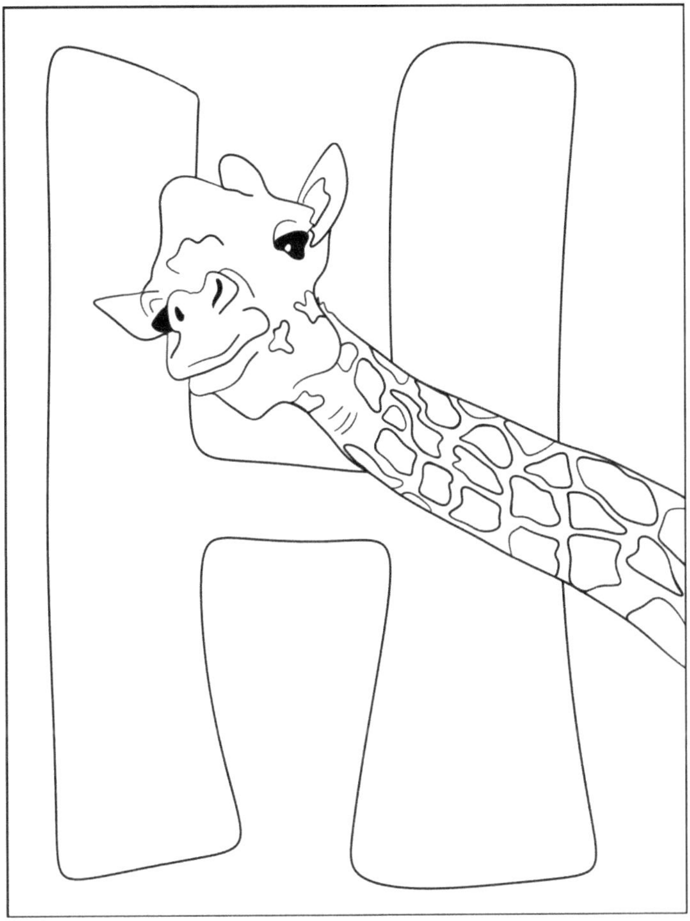

"Animal-ABC-Coloring-Book"

"Dating Proverbs:

Ancient Wisdom for Modern Love"